I0767623

SPOT!T

Questo volume trae origine dall'omonima serie podcast Spotify.

Prodotto da **Spot!t**, *con* **Giovanni Sabatino** *e supervisione editoriale di* **Marileda Maggi**

Ringrazio coloro che mi hanno formato
Ai maestri e ai docenti da cui ho appreso

Una dedica speciale va a mio fratello Andrea, le cui domande sincere e la curiosità tipica dei bambini su cosa fosse la politica mi hanno costretto negli anni a sviluppare una chiave di lettura quanto più distaccata possibile dalle ottiche ideologiche nonché una interpretazione semplice ma non semplicistica

Alessandro Verdoliva

CONTROPOTERE
7 lezioni

dall'omonimo podcast Spotify

Sommario

Introduzione di Vanessa Piccioni

Ho conosciuto Alessandro Verdoliva invitandolo in uno dei programmi di approfondimento sulla politica estera che curo e conduco. "Analista geopolitico", la qualifica con cui si è presentato. Ma il libro che mi trovo a descrivere oggi non è una mera analisi dei conflitti in corso, o dei rapporti di potere che si interconnettono agli scacchieri geopolitici di questo momento storico. Ho ritrovato anzi, alcune delle domande più profonde e complesse che caratterizzano la nostra esistenza collettiva, un invito a riflettere sulle dinamiche che governano il mondo in cui viviamo, quasi a prescindere dal contesto.

Il libro utilizza un approccio eziologico: i fenomeni politici vengono interpretati come effetti di strutture materiali, istituzionali e cognitive. Attraverso un'analisi critica, che spazia dalla guerra alla pace, dalla democrazia alla tecnocrazia, dalle diseguaglianze sociali al concetto di libertà, il libro guida esperti e "non addetti ai lavori" in un viaggio intellettuale volto a decostruire le convenzioni, i meccanismi e le ideologie che influenzano ogni aspetto della vita sociale e politica.

Lo scopo non è formare e nemmeno informare ma stimolare il pensiero e il confronto: ogni capitolo si apre con una domanda fondamentale: "Perché esiste la guerra?", "Siamo davvero liberi?"; interrogativi che non hanno risposte semplici, ma che meritano di essere esplorati con profondità.

Le articolate analisi proposte sono supportate da appendici che offrono ulteriori spunti e risorse per l'approfondimento, ricontestualizzando gli argomenti in un panorama di riflessioni politiche, sociali e a volte filosofiche.
Spingersi oltre le mere analisi, oltre le risposte superficiali, il fulcro è la necessità di riflettere su ciò che sta alla base delle istituzioni e delle

strutture che regolano la società. Il capitolo sullo Ius Soli non si limita a esplorare la giustizia o l'equità di tali concetti, ma ci invita a riflettere sulle radici storiche, politiche e morali di queste pratiche, mettendo in luce i loro legami con le dinamiche di potere e controllo che definiscono il nostro mondo. Nel contesto geopolitico attuale, dove il mondo è sempre più caratterizzato da conflitti globali e rivalità tra potenze, le domande esplorate in questo libro assumono una rilevanza ancora maggiore.

Le sfide geopolitiche del nostro tempo sono infatti indissolubilmente legate alla lotta per il potere tra le principali potenze mondiali, un fenomeno che ha conseguenze tangibili su tutti gli aspetti della nostra vita. La guerra, intesa non solo come scontro armato ma come una battaglia per il dominio economico, politico e tecnologico, è al centro delle sfide che i nostri tempi pongono. In un mondo che vive sotto la minaccia di nuovi conflitti freddi, tra le alleanze regionali e la crescente ascesa di potenze come la Cina, la Russia, e il confronto con l'Occidente, le riflessioni sulle cause della guerra e della pace diventano essenziali. Come mai, in un'epoca di interconnessione globale, sembriamo più vicini alla guerra che alla pace? Come si concilia la sicurezza nazionale con i diritti umani e le libertà individuali? Comprendere le relazioni internazionali e le sfide in corso è di cruciale importanza per decifrare le ragioni di tanti conflitti e disuguaglianze. Le alleanze strategiche, la competizione per risorse naturali e l'evoluzione delle tecnologie militari e di sorveglianza sono tutti elementi che modificano il panorama globale.

La crescente interdipendenza economica, da una parte, e la frammentazione politica, dall'altra, pongono domande difficili sulla sostenibilità della pace in un mondo che sembra sempre più diviso. Le alleanze internazionali, come quelle tra Stati Uniti, Europa e paesi asiatici, sono messe alla prova dai nuovi attori globali, che sfidano l'ordine internazionale tradizionale e creano nuovi equilibri di potere.

Allo stesso modo, il concetto di democrazia, al centro del dibattito, è messo in discussione dalla crescente ascesa delle tecnocrazie e dall'influenza delle multinazionali e delle tecnologie sulla politica: occorre capire se c'è l'educazione culturale necessaria ad "esportare la democrazia".

La tecnocrazia emerge quando la complessità dei sistemi economici supera la capacità decisionale della politica rappresentativa. In un mondo in cui la sovranità nazionale è sfidata dalle tecnologie globali, le riflessioni su come la democrazia possa adattarsi o cedere il passo alla tecnocrazia decreteranno in qualche modo il futuro.

La geopolitica studia il comportamento politico umano in relazione allo spazio e ai vincoli ambientali e oggi, comprendere la geopolitica non è più solo un esercizio teorico per gli esperti, ma una necessità quotidiana, poiché gli eventi internazionali, partendo dalle guerre regionali e fino alle crisi economiche globali, modificano gli equilibri più profondi della società. Su cosa competono principalmente le superpotenze? E cosa definisce la pace e la guerra, come si strutturano le disuguaglianze globali? Domande rilevanti ma soprattutto urgenti, che vengono efficacemente affrontate in "Contropotere".
Una delle caratteristiche distintive di questo elaborato è sicuramente rappresentata dalla capacità di unire diverse discipline, dalla politica all'economia, dalla sociologia alla storia. Un tentativo di rispondere in modo pratico e concreto a domande che hanno il potere di cambiare la nostra comprensione della società e delle sue leggi non scritte. Capire come si muovono le alleanze globali e come questo si rifletta nelle politiche interne dei vari paesi.

L'approccio metodologico dell'autore è decisamente pratico, non ci sono soluzioni preconfezionate, ma piuttosto un invito a intraprendere un percorso di autoconoscenza, andando ad accrescere la capacità di pensiero critico. Le conclusioni finali, gli spunti metodologici e le fonti per un ulteriore approfondimento sono un ulteriore invito a non fermarsi alla lettura, ma a continuare il cammino verso una comprensione più profonda dei meccanismi che regolano il nostro mondo.

Il libro riflette la realtà: le grandi domande della vita sociale e politica non sono mai definitivamente risolte, ma devono essere affrontate con un approccio aperto e pronto a rivedere le proprie convinzioni, esplorando nuovi orizzonti. La vera libertà, quindi, consiste in questo: nella ricerca incessante di risposte, nell'apertura al contraddittorio e nel desiderio di comprendere il nostro posto nel mondo, ammesso che ce ne sia uno. Mettere in discussione tutte le risposte convenzionali che abbiamo avuto fino ad ora e ad abbracciare il potere trasformativo del pensiero critico. Questo è l'imperativo o almeno lo spirito con cui affrontare questa lettura. Armatevi di mente aperta e cuore pronto a dialogare con il nostro tempo.

Vanessa Piccioni
Dottoressa analista geopolitica, giornalista e conduttrice esperta di politica internazionale e scenari globali. Conduce programmi e dibattiti televisivi e radiofonici su esteri, relazioni internazionali e geopolitica.

Prefazione di Pieralberto Mengozzi

Il Diritto, inteso in termini generali, volge a regolare la vita del genere umano in tutte le sue espressioni (come singolo o come Stato). Si può avere l'idea che, tra le altre cose, esso voglia far convivere in pace gli esseri umani: il diritto non elimina il conflitto: cerca di renderne prevedibili gli effetti. Allora perché esistono anche delle norme che regolano i rapporti tra le parti in guerra? E perché esistono delle norme che tendono a far sì che tutti gli esseri umani abbiano gli stessi diritti, dando per presupposto che esistono delle profonde differenze tra le persone? Le guerre e le disuguaglianze sono sempre esistite e forse molte delle norme che noi conosciamo in materia sono atte ad indicare una meta da raggiungere, cioè un mondo non più in guerra e senza gerarchie sociali e divergenze. Ed è per questo che votare acquisisce senso: per far sì che i nostri legislatori ci indichino la strada da seguire. Naturalmente questo può non essere semplice in quanto anche i legislatori (sia nazionali che "internazionali" o "sovranazionali") possono avere idee diverse sulla strada da intraprendere e le problematiche da risolvere, per questo esistono divisioni anche nell'ambito politico (tra destra e sinistra) e ciò può portare ad un dubbio quasi amletico: votare o non votare? A queste situazioni e ad altre strettamente connesse (come la corsa al dominio) è dedicato questo pregevole volume del dottor Verdoliva.

Pieralberto Mengozzi
Professore Associato di Diritto dell'Unione europea Alma Mater Studiorum - Università di Bologna

Prefazione di Sarah Guerra

Conosco il dottor Verdoliva da molti anni e posso affermare con una certa sicurezza che questo libro lo rappresenti pienamente. Esso racchiude una chiarezza e una maturità non facili da comunicare, soprattutto in una trattazione complessa come quella dei conflitti bellici.

Alessandro possiede una grande dote: la capacità di rendere interessanti, appassionanti e al contempo lineari anche gli argomenti più ostici. Per questo motivo sarà affascinante esplorare il tema della guerra non solo da un punto di vista storico e storiografico, ma anche da una prospettiva sociologica e antropologica, con un marcato approccio psicosociale.

Qual è, dunque, la vera origine della guerra, fin dai tempi più antichi? E quali tipi di conflitto possono scaturire da una condizione di simmetria o asimmetria tra le parti in gioco? La guerra è, principalmente, un conflitto di interessi (economici, politici, religiosi…) tra due o più parti o nazioni, in cui, attraverso uno scontro aperto – generalmente armato – si cerca di prevalere e sopraffare l'avversario: **la guerra è uno strumento di riallocazione del potere tra attori politici incompatibili.**

Il tema diviene ancor più intrigante se consideriamo le nazioni coinvolte non soltanto come entità istituzionali prive di identità, ma come gruppi culturali, ideologici, sociali, economici e politici. Questi gruppi sono mossi da specifici interessi e valori, di cui i Capi di Stato diventano portavoce, spesso in maniera più o meno estremizzata e imposta alle popolazioni civili. Attribuire alla nazione una connotazione identitaria di gruppo inserito in un contesto sociale rappresenta un significativo passo avanti nell'osservazione delle dinamiche legate ai conflitti bellici.

Il punto di forza dello stile letterario di Alessandro risiede proprio nella capacità di suscitare, ad ogni rigo, un "perché?", a cui segue immediatamente una risposta chiara e puntuale. Questo rende il testo fruibile a qualsiasi tipo di lettore, dal neofita al più esperto, desideroso di approfondire l'argomento al di là della classica trattazione unidirezionale.

Alessandro scrive della guerra con la fluidità di un romanzo d'avventura, ma con la precisione e il rigore di un professionista serio e appassionato, che osserva le problematiche in modo circolare, multifattoriale e sistemico.

Vi invito pertanto a leggere questo libro con lo stesso spirito critico, libero da rigidità e preconcetti, con cui è stato scritto. Sono certa che, alla fine, desidererete avere presto tra le mani un'altra opera dello stesso autore.

Sarah Guerra
Psicologa e Psicoterapeuta - Bari

INTRODUZIONE

L'umanistica è un tema complesso. A differenza delle scienze fisiche in cui il soggetto osservante e l'oggetto studiato sono cose distinte, l'umanistica per definizione unisce quasi sempre soggetto e oggetto. Questo rende lo studio più complicato poiché si diventa contemporaneamente giudici e giudicati, l'imparzialità è più difficile. Come può un ricercatore politico-sociale, con determinate ideologie e preconcetti politici, compiere una ricerca _precisa e accurata_ che risulti imparziale e il cui esito possa portare ad una confutazione delle proprie ideologie? Un ricercatore di destra potrà mai cogliere quali siano i pregi di un Marx? E viceversa, potrà mai oggi un ricercatore tendente alla sinistra fare una oggettiva disamina sui benefici dell'esperienza coloniale? Difficile, ma non impossibile.

Precisione e accuratezza sono due concetti molto distinti nella ricerca. Infatti il primo è inerente allo strumento adottato dal ricercatore e misura quanto esatti siano i dati ricevuti da uno strumento di ricerca, l'accuratezza pertiene al ricercatore in sé e misura invece quanto coerente sia la logica del ricercatore e quanto significativa sia la connessione postulata fra causa ed effetto.

Il bias è solitamente un errore relativo alla proprietà della "accuratezza", cioè relativa al ricercatore.
Mentre il noise è un errore relativo alla proprietà della "precisione", cioè relativo allo strumento.

Bias: Si riferisce alla deviazione sistematica dei risultati dal nesso causale o dal valore reale. Può essere causato da errori nell'interpretazione dei dati, da pregiudizi del ricercatore o da difetti nella progettazione dello studio.

<u>Il bias influenza la validità dei risultati, poiché porta a conclusioni distorte e inesatte pur avendo a disposizione dati corretti e precisi.</u>

Noise-Rumore: Si riferisce alla variabilità casuale o alla discrepanza nei dati che non è causata da un vero effetto del fenomeno in studio. Il rumore può essere dovuto a errori di misurazione, fluttuazioni casuali o altre fonti di variabilità non controllate. Il rumore influisce sulla precisione dei risultati, poiché riduce la consistenza e l'affidabilità delle misurazioni. In breve, mentre il bias distorce la verità dei risultati in una direzione specifica, il rumore aggiunge variabilità casuale che può rendere difficile discernere il vero segnale dai dati. Entrambi sono importanti da tenere in considerazione durante l'analisi dei dati e l'interpretazione dei risultati nella ricerca.

Ma non solo! Esistono altre fattispecie tipiche delle scienze sociali che rendono difficile lo studio dell'intrigante dimensione dell'essere umano.

La seconda difficoltà, oltre alla difficoltà nell'essere oggettivi e imparziali, risiede nel fatto che le nozioni di cui lo studioso si avvale per formulare ipotesi, teorie e infine modelli, risiedono nell'uomo stesso e nelle sue notevoli e complesse sfaccettature. Questo comporta che per conoscere le opinioni della società bisogna spesso chiedere alla stessa società, la quale, presa in singoli individui, sarà sovrana di determinare come rispondere. Questa tecnica viene solitamente chiamata sondaggio. Ma come possiamo sapere se quanto dichiarato in un sondaggio sia vero o meno? Ecco perché nello studio dell'umanistica, e ancor più nelle scienze politico-sociali, avere padronanza e cognizione dell'affidabilità delle fonti diventa indispensabile. Se ci fosse necessità di conoscere la condizione della criminalità in un quartiere, chiedere agli ipotetici delinquenti se, come e quando delinquono sarebbe vano, poiché con tutta probabilità la loro risposta sarebbe fuorviante e falsa, volta appunto a scagionarsi. In tal caso - è naturale - l'opzione migliore è avvalersi delle fonti dette "dure", cioè le fonti che non richiedono la volontà dell'oggetto studiato (in questo caso la criminalità) per essere misurato. Ad esempio, anziché ricorrere ai sondaggi, nel caso della criminalità, si usano i database delle forze dell'ordine e gli archivi dei tribunali. Sembra ovvio, ma oggi molti studiosi e ricercatori prendono i sondaggi come fonte di verità.

Quindi, anche se il risultato di un sondaggio può non essere significativo ai fini della ricerca, va però anche detto che <u>ogni strumento misura qualcosa</u>. Quindi cosa misura il sondaggio? Il sondaggio è in realtà uno strumento che rivela solo un fatto con assoluta certezza: rivela cosa quelle persone intervistate vogliono che si pensi di sé e non cosa sono realmente né rilevano effettivamente i fenomeni che si vuole studiare: le fonti dichiarative misurano rappresentazioni sociali, non comportamenti reali.

Ecco perché bisogna diffidare da ricerche le cui uniche fonti sono i sondaggi, poiché in tal caso le informazioni prese saranno per definizione parziali e incomplete.

Stesso discorso vale per le dichiarazioni dei governi o dei servizi segreti: ciò che dicono è ciò che hanno interesse che venga saputo. E questo può essere un problema non trascurabile.

Il terzo problema è inerente il principio di Heisenberg: non può esserci ricerca senza interazione. Questo comporta che le proprietà che il ricercatore cerca di cogliere dall'oggetto di studio cambiano per il fatto stesso che esse vengono studiate. Questo è diventato ormai di comune dominio per la fisica quantistica o per le scienze che si occupano di dimensioni inferiori agli atomi, ma questo problema esiste da sempre nelle scienze umane.

Il quarto problema è inerente alla difficoltà nello scindere le proprietà degli oggetti di studio e la difficoltà sia nel misurare le varie proprietà, poiché quasi tutte risiedono in fonti molli, cioè fonti che necessitano dell'interazione umana per essere acquisite come detto nel punto 2, sia perché non tutte queste proprietà hanno un metodo di misura universalmente riconosciuto (*operativizzare*).
Come sappiamo già, la scienza si fonda su definizioni, misure e nessi causali.

Il nesso causale è l'ultimo dei nostri cinque problemi. Il principio di causalità è particolarmente ostico nelle scienze umane poiché la quasi totalità delle causalità è bidirezionale o addirittura multidirezionale: ciò significa che i fenomeni che vediamo dipendono non solo da *proprietà variabili* che risulta difficile misurare, bensì anche da fattori multipli che interagiscono non solo in un verso ma possibilmente in più versi e che in tutto ciò, noi stessi possiamo (senza rendercene conto) alterare sia questa causalità o possiamo non vederla poiché potrebbe confliggere con la nostra personale visione del mondo e della politica. Al momento, l'unica disciplina sociale capace di fornire grossomodo la causalità, la direzione della causalità e la forza della causalità è l'econometria. In questo volume non saranno adottate tecniche econometriche poiché esulano dalla comune comprensione matematica, tuttavia i suoi assiomi saranno alla base degli asserti e delle conclusioni.

Nondimeno esistono anche altre soluzioni a questi dilemmi, soluzioni che ci obbligano ad optare per un metodo rigorosamente minimalista e riduttivo, poiché qualsiasi altra cosa potrebbe estendersi oltre la certezza ed esporsi a legittime **falsificazioni**.

Scientificità e falsificazione. Solitamente quando si parla di "scienza" la si confonde con la "verità". Scienza e verità sono due concetti molto, troppo diversi. Sotto quasi qualsiasi aspetto la scienza va in una direzione e la verità nell'altra. Perché? Intanto la verità è un concetto massimalista, dogmatico e assoluto, tutte caratteristiche dei credi e delle religioni, e come tale non è raggiungibile ed è, paradossalmente, oggetto di relativismo: ciò che può essere vero per me può essere non vero per altri. La scienza invece non dice cosa sia vero e cosa no, bensì cosa sia esatto a parità di altre condizioni e utilizzando un dato strumento. La scienza è quindi per sua definizione relativa, minimalista e la sua missione è circoscritta di volta in volta a pochi elementi dimostrabili e ripetibili. Il tutto in base alle condizioni tecnologiche: la scienza di secoli fa sostiene cose differenti da quelle di oggi poiché nel frattempo la strumentazione si è evoluta. Vuol dire che la scienza di un tempo era sbagliata? No, era giusta, poiché se ripetessimo oggi l'esperimento con gli strumenti di un tempo e le conoscenze di un tempo, il risultato sarebbe uguale a quello ottenuto all'epoca.

Scienza e dogma sono agli opposti.
La scienza è come la strategia: non si può inventare, si può scoprire, riconoscere e categorizzare.

La scienza sta alla strategia come l'ingegneria sta alla tattica.
Ecco perché la scienza è un cammino, è un metodo ed è un asintoto che si avvicina alla "verità" senza prefiggersi mai di raggiungerla. Per questo motivo, la scienza deve essere costantemente

interrogata. Questa azione inquirente si chiama falsificazione: ogni ipotesi prima, e teoria - o legge - dopo, deve essere costantemente attaccata da scetticismo e falsificazione: se regge significa che è ancora valida, se crolla significa che era nulla fin dall'inizio ma non si avevano gli strumenti per accorgersene, oppure che è valida ma utile a spiegare solo fenomeni in scala più piccola. Se alcune ipotesi invece non si prestano a falsificazione – cioè se sono autoreferenziali o tautologiche (quello che dice Bush è vero perché me l'ha detto Bush e se non sei d'accordo sei anti-Bush) – viene chiamato pseudoscienza, ovvero non scientifico per definizione, poiché rende impossibile la falsificazione scientifica. Per approfondire si consiglia la lettura di **"Congetture e confutazioni. Lo sviluppo della conoscenza scientifica" di Karl Popper.**

Questo ci porta, per chi già questa materia la mastica, a comprendere un ovvio paradosso: l'esistenza umana, che è quasi totalmente **empirica**, necessita di generalizzazioni e di strumenti logico-deduttivi per poter essere analizzata con ampio margine di scientificità e resistenza alla falsificazione.

Empirismo e ragionamento logico-deduttivo sono le due grandi scuole atte alla conoscenza. Il primo focalizza i propri sforzi su quello che è osservabile e tangibile, dunque sperimentabile fisicamente e praticamente. Il secondo invece, si avvale del pensiero astratto, del pensiero matematico e logico che prescinde dalla realtà particolaristica terrena da cui trae esclusivamente le essenze e le proprietà principali. La storiografia ad esempio, è un ibrido: registra i fatti umani empiricamente avvenuti e li trasforma in interpretazioni principalmente abduttive e deduttive.

L'obiettivo di questa analisi è trascendere le **secche dell'empirismo particolaristico**, ovvero quello stato di stallo metodologico in cui la ricerca si arena concentrandosi esclusivamente su dati microscopici e storicamente contingenti e irripetibili nonché frammentati e isolati: facendo ciò infatti si perde la capacità di sintetizzare il quadro d'insieme. A questo limite si complementa la sfida alla **"infoxication"**. Per Infoxication si descrive l'intossicazione cognitiva derivante da un eccesso di informazioni: un rumore di fondo talmente denso da rendere impossibile distinguere il segnale rilevante dal dato superfluo. In poche parole, l'eccesso di dati veri rende impossibile cogliere il senso complessivo delle cose e di come queste siano collegate tra loro.

Per superare questa criticità questo saggio propone l'adozione di una **epistemologia Analogico-Sistemica**. Con questo termine si intende un modo di approcciarsi allo scibile che studia la realtà non come somma di dettagli bensì come un insieme di **Sistemi** interconnessi, utilizzando l'analogia del metodo comparativo di Sartori e Mill come strumento per individuare somiglianze strutturali tra domini solo in apparenza distanti. Il cardine di tale approccio è la ricerca dell'**Isomorfismo** (dal greco *isos*, uguale, e *morphe*, forma), ovvero il riconoscimento di leggi strutturali e strutture logiche analoghe che operano in campi scientifici differenti. Un esempio utile può essere quello della relazione **"Vincolo vs Azione"** cioè paradigma strutturale e paradigma dell'azione: questa dinamica, che analizza come un limite strutturale condiziona il movimento di un attore, mantiene la medesima forma logica e le stesse variabili matematiche o concettuali sia che venga applicata alla meccanica dei corpi in Fisica, sia che descriva le scelte strategiche di uno Stato entro i confini geografici in Geopolitica.

In questo percorso conoscitivo, lo strumento logico non è la sola **deduzione** che opera per macrocategorie e che si limita a esplicitare conseguenze necessarie partendo da premesse note (dal generale al particolare), né la sola **induzione** la quale tenta di generalizzare una regola basandosi sulla probabilità statistica di casi ripetuti (dal particolare al generale). Il volume punta invece sull'**abduzione**, pilastro della **Logica di Peirce** che opera per esclusione basandosi su quanto disponibile. L'abduzione è definita come la vera "logica della scoperta" o "inferenza alla miglior spiegazione": essa non parte da una legge certa, ma ipotizza un pattern strutturale (uno schema d'ordine) capace di dare senso a un fatto osservato altrimenti inspiegabile e che poi viene posto al vaglio del metodo induttivo e classificato logicamente dentro il quadro del metodo deduttivo.

È proprio attraverso il salto logico e intuitivo dell'abduzione che l'analista riesce a superare il **paradosso della Sorite** (o dilemma del mucchio, dal greco *soros*, mucchio). Questo paradosso filosofico interroga sulla soglia in cui una serie di elementi singoli diventa un'entità collettiva: quanti granelli di sabbia servono per fare un mucchio? Se togliamo un granello, è ancora un mucchio? Questo dilemma segna uno dei caratteri principali della ricerca metodologica di tutte le scienze umane e politico-sociali.

L'approccio qui proposto suggerisce che l'analista non debba farsi ipnotizzare dal **dato atomico** — il singolo granello di sabbia inteso come informazione minima e indivisibile — ma debba saper cogliere la regola che governa il "mucchio" in quanto **proprietà emergente**

del sistema: una proprietà emergente è una caratteristica complessa che appartiene alla totalità del sistema (il mucchio, la società, l'organismo) in quanto tale ma che non è rintracciabile nei singoli componenti presi isolatamente. L'obiettivo finale, dunque, è mappare queste strutture invisibili ma determinanti che tengono insieme la complessità del reale.

Ecco perché, in questo piccolo volume introduttivo, si cercherà non di spiegare il tutto, ma di spiegare esclusivamente quei punti minimi certi. Serve quindi porre delle pietre miliari sul lungo cammino della conoscenza umana al fine di potervi poi costruire progressivamente una teoria generale.

A tal riguardo, le definizioni sono centrali. L'uso delle parole sta allo scienziato politico come il bisturi sta al chirurgo, questo sosteneva l'eminenza italiana di spicco nel settore, **Giovanni Sartori**. E non possiamo dargli torto: le parole plasmano il nostro pensiero ed il pensiero nell'analisi è tutto. Ad una parola corrisponde un concetto o referente empirico. Una parola deve essere precisa ed accurata; un termine ben posto deve avere una estensione quanto minore possibile così da essere specifica. Ogni definizione ha due elementi: l'intensione (cioè un set di proprietà) e l'estensione (ciò a cui fa riferimento, ovvero il referente empirico.) Capire l'importanza delle definizioni è centrale.

Spesso ci si imbatte in discorsi complessi riguardo la società che ci circonda ma quasi sempre le domande più elementari vengono lasciate senza risposta. Perché esiste la guerra? Perché votare sembra avere meno valore? Perché esistono le migrazioni e perché l'Africa è un continente più povero rispetto agli altri? Come capire dove stiamo andando partendo dall'osservazione dei fenomeni sociali? Come si ricostruisce la storia se non eravamo presenti al momento dei fatti?

Questo breve compendio inverte l'ordine di marcia: al posto di partire da una spiegazione per giungere poi a una domanda, si è scelto di partire dalle domande più elementari per giungere infine a risposte complesse riguardo la società, la cultura, la politica, la geopolitica e le relazioni internazionali.

La complessità dell'umanistica può così essere fruibile, compresa ed apprezzata nella sua interezza da chiunque, studenti, accademici e amatori.

Grazie al principio di *necessario ma non sufficiente* e grazie ad anni di ricerca e ad un approccio multidisciplinare è oggi possibile dare delle risposte esatte e accurate, partendo da una metodologia combinata abduttiva, econometrica e deduttiva.
Alla base di questa missione vi è la consapevolezza dei limiti materiali della conoscenza umana, motivo per cui lo scopo non è tediare il lettore con un eccessivo empirismo che non coglie l'essenza dei fenomeni, bensì cogliere l'essenza dei fenomeni riuscendo a scomporli nei vari componenti e mettere dei punti minimi fermi.

A tale scopo, al termine di alcuni capitoli sono state introdotte delle appendici di approfondimento e riflessione.

Ma ancor più dell'essenza dei fenomeni riusciremo a capire qualcosa di più importante: la natura delle tendenze. Mentre il fenomeno riguarda qualcosa che già avviene o che addirittura è già avvenuto, sapere intercettare le tendenze e concettualizzarle è l'unico modo che abbiamo per modellare il nostro presente in quanto essa, la tendenza, ci dà un'anticamera su quali scenari futuri potrebbero aprirsi.

1. PACE, PERCHÉ ESISTE LA GUERRA?

Non esiste oggi essere umano che non abbia vissuto almeno una delle due condizioni esistenziali più totalizzanti di sempre: guerra e pace. Morte e vita. Libertà e ordine. Il bianco e il nero.

Vero è che guerra e pace sono due condizioni estremamente pervasive, per questo dette *"esperienze totalizzanti"*, ed è vero che non esiste condizione umana che non sia soggetta all'una o all'altra; questa condizione si definisce come *"mutuamente esclusiva"* non può esistere l'una finché c'è l'altra. Attenzione, la guerra è una delle varie sfaccettature del conflitto, e il conflitto è perenne, anche nelle fasi di pace. Questo aspetto va sottolineato poiché la mutua esclusività è da ritenersi applicabile solo nella fattispecie di conflitto bellico, cioè la guerra, e non negli altri tipi di conflitto (diplomatico, economico ecc.).

Questo essere agli opposti non significa che non siano due condizioni legate tra loro. Tutt'altro! Il loro eterno alternarsi dipende dallo stesso pendolo, che oscilla oscuro sulle nostre teste: essendo un pendolo non sta mai fermo e muovendosi in continuazione, col passare del tempo, il suo mutare dal nero al bianco lo fa sembrare sempre più spesso grigio, indefinibile. Per questo la guerra spaventa ed affascina allo stesso tempo: la manifestazione dell'abominio umano che si presta a narrazioni ferocemente divergenti.

Squarciamo questo velo e vediamo cosa si cela realmente dietro un fenomeno così difficilmente definibile.

Perché si "fanno" le guerre? Intanto dobbiamo specificare cosa sia la guerra dando una definizione: la guerra è un fenomeno aggregato violento, di natura esclusivamente sociale, che si distingue quindi dai fenomeni violenti di natura individuale.

La guerra è un'interazione sociale aggregata volta ad alterare uno status quo ritenuto ingiusto o rischioso. Essa necessita quindi della società per esistere, senza una società non può esserci guerra. Bisogna aggiungere una clausola importante: la guerra non dipende da una sola società, necessita che ve ne siano due. La guerra è in sintesi un rapporto fra soggetti, e come tale è necessario che vi siano almeno due soggetti a comporre questo rapporto. Se il soggetto è solo uno, si parla di guerra civile, ovvero guerra intestina, in cui però a ben guardare, il soggetto non è mai uno: sono sempre almeno due di taratura, però, sub-statale. La statualità nella definizione della guerra, porta non pochi problemi, e su questo ci torneremo, in quanto si aprirà la diatriba fra guerra simmetrica e guerra asimmetrica.

Abbiamo detto che la guerra necessita della società umana per esistere, o per meglio dire di almeno due società umane, ma è anche vera una amara realtà: non può esserci società senza guerra. Tutte le società oggi viventi sono frutto di guerre, nessuna esclusa. Alla loro genesi, qualsiasi società politica organizzata ha visto al proprio interno un conflitto organizzato di natura sociale, con scopi politici e strumenti militari. Perfino per le popolazioni più pacifiche che possano venire in mente nell'immaginario collettivo, dai nativi americani ai modernissimi svizzeri, la guerra è un momento cruciale nella creazione di una società. Quindi il rapporto fra guerra e società può dirsi un rapporto ambivalente, la cui genesi è bidirezionale.

Sorgerebbe quindi la domanda: è nata prima la guerra o la società? Ma lascio la questione aperta per futuri approfondimenti.

Lo scopo politico è un altro elemento fondamentale. Analizziamo quindi quali sono gli elementi che compongono la guerra: Innanzitutto, abbiamo detto che si tratta di un fenomeno sociale (pertanto frutto di un'interazione), abbiamo poi detto che è organizzato e che presenta uno scopo politico; una rivolta di piazza, seppur di proporzioni bibliche, qualora non dovesse avere una matrice organizzativa o uno scopo politico, non sarebbe definibile una guerra. Da qui ne deriviamo un'altra realtà: la classificazione della guerra non dipende dal numero delle vittime o dall'entità della devastazione. In altre parole, come diceva Clausewitz, la guerra è la continuazione della politica con altri mezzi. Pertanto, qualsiasi guerra che non presenti un chiaro obiettivo politico è destinata a fallire e a tramutare possibilmente in caos violento; il fallimento della guerra non vuol dire l'instaurazione di una lunga pace. Questo lo vedremo presto.

Il perché esista la guerra è una domanda a cui siamo costantemente sottoposti e la risposta si riduce solitamente allo sconcerto: come è possibile che ancora oggi, dopo millenni di sviluppo umano, la guerra esista ancora?

La guerra è volontà dei potenti contro i poveri? L'antidoto alla guerra è il pacifismo? La guerra da quante persone dipende? Ma la vera domanda, ancora più importante, è: la guerra è frutto di una volontà specifica? La risposta a questa domanda, stranamente, è no!

La guerra, in quanto semplicemente come fenomeno sociale, rispecchia la conflittualità individuale e aggregata insita in tutte le forme viventi, con la differenza che questa forma di conflitto è composta da aggregati organizzati. Questa condizione di equivalenza nella propensione alla guerra è un fondamento implicito della geopolitica: non esistono collettività morali e collettività amorali.

Qualsiasi collettività posta dinanzi a determinate condizioni strutturali (quali ambiente geografico, cultura, economia, percezione di sé) e sotto determinate logiche concorrenziali ha la medesima propensione alla guerra rispetto alle altre. Questa consapevolezza ci permette di calarci nei panni di qualsiasi attore politico senza particolari pregiudizi e senza troppi moralismi. Gli umani sono tendenzialmente uguali in quanto tendenzialmente uguali nella propensione a commettere atti di violenza organizzata come la guerra.

Dopo tutto, in quanto anch'essi componenti del regno animale, gli umani fanno ciò che possono seguendo il soddisfacimento dei propri bisogni, esattamente come tutti gli altri esseri viventi.

Abbiamo prima detto che la guerra necessita di organizzazione, ma la guerra è organizzata in sé? No.

L'inghippo sta nel fatto che la guerra non è una azione unilaterale, necessita bensì di una controparte. Se da un lato la "propensione" alla guerra è unilaterale ed organizzato, la guerra in sé è un rapporto, una interazione, e in quanto tale non è unilaterale né organizzato.

Su un'isola deserta con un solo umano presente non può esserci violenza, poiché la violenza è per definizione qualcosa che si infligge o si subisce, ergo necessita di più attori.

In quanto > 1, cioè fra due soggetti minimo, la guerra non dipende dall'organizzazione o dalla volontà di un singolo schieramento, pertanto la guerra va analizzata come il risultato di una interazione fra soggetti.

Nella grande famiglia dei conflitti, la guerra appartiene alla categoria dei conflitti scarsamente istituzionalizzati, ecco perché a differenza di conflitti organizzati come le dispute davanti a un giudice o le liti fra ragazzi a scuola o due squadre di calcio, la guerra ci fa tanto paura: perché la guerra "gioca" su un livello diverso.

L'istituzionalizzazione è l'esito di un processo evolutivo in cui, fissando un punto temporale, un insieme di comportamenti sociali che vengono reiterati nel tempo e considerati legittimi fino a diventare completamente spersonalizzati e acquisiscono un set di regole proprio e impersonale. A parità di altre condizioni, al crescere della istituzionalizzazione aumenta il livello di garanzie e di tutele.

Qual è l'attore mancante? L'attore terzo. Ogni guerra combattuta militarmente ha due portatori di interessi che confliggono. In una partita di calcio i portatori di interessi sono tre, perché oltre alle due squadre vi è un arbitro che ha potere superiore il cui interesse è garantire un corretto svolgimento della partita. La figura che nella guerra è assente è proprio l'arbitro che si erge sopra le parti. Nella guerra nessuno dei due attori/portatori di interessi riconosce l'altro come superiore a sé. La guerra ha lo scopo proprio di stabilire il potere superiore, la cosiddetta sovranità su un territorio o un soggetto politico, che è in sé il fondamento di uno Stato. Ecco perché, la guerra è paradossalmente più facile che scoppi in condizioni di percepita parità ed eguaglianza.

Minaccia e deterrenza sono due componenti fondamentali della guerra e della pace. Infatti, maggiore è la letalità di un'arma e minore sarà la predisposizione al suo utilizzo in condizione di perfetta concorrenza (riprendendo Schelling 1966).

L'imperfetta concorrenza fra due o più attori crea quello spazio fatale in cui si inseriscono le scommesse belliche. La perfetta concorrenza crea, invece, una situazione di stallo e cooperazione. Il monopolio di armi letali crea una situazione di pace, quindi di dominio.

L'inizio delle ostilità belliche ha origine unilateralmente in un evento dirompente a cui consegue una concatenazione di eventi calcolati, non calcolati o non calcolabili. In sé, non è un atto unilaterale, ma la sua nascita sì: inizia unilateralmente ma la sua permanenza in essere dipende da attori multilaterali: "quando inizi una guerra non sai mai quando finisce" (poiché il proseguimento dipende inevitabilmente dagli altri attori chiamati in causa).

La guerra deve avere uno scopo politico come abbiamo già sostenuto prima e, sebbene ogni attore possa perseguire obiettivi politici specifici, tutte le azioni militari condividono uno scopo politico generale, uguale per tutti: imporre la propria influenza su territori esterni ai propri, sia per motivi leciti o illeciti.

La guerra si crea sempre quando a una aggressione segue una resistenza. Senza resistenza si ha resa e capitolazione: l'uso della forza armata non sfocia obbligatoriamente in guerra in quanto, se l'avversario decidesse di arrendersi verrebbe sottratto l'elemento di attrito. Si passerebbe in tal caso direttamente da una brevissima minaccia o violenza unilaterale ad una nuova imposizione politica, cioè una pace. Su questo passaggio è bene soffermarsi: nessun attore politico ha come scopo ultimo la guerra, l'azione militare è sempre uno strumento politico e mai uno scopo. In quanto strumento, l'azione militare è particolarmente costosa e rischiosa poiché potrebbe sfociare in guerra, cosa che nessuna società brama. L'esito migliore sarebbe infatti che all'utilizzo della forza armata non inizi una guerra, bensì una semplice sottomissione altrui.

L'inizio è dato dallo stesso scopo ultimo che la guerra si prefigge di colmare: un vuoto di potere o una debole asimmetria di potere fra gli attori nello stesso spazio, con la scarsa reciproca sicurezza che ne deriva. In uno spazio vuoto di potere si generano le condizioni per la guerra.

Sottrarsi dalla guerra non risolve le condizioni che l'hanno resa possibile in prima istanza, preclude la possibilità all'attore sottraente, cioè che rinuncia all'uso della forza, di ottenere le condizioni minime al negoziato. Il negoziato è la parte finale di qualsiasi guerra, aspetto che tradisce la vera natura politica del conflitto armato. Ma torniamo alla genesi delle ostilità.

Agli albori della seconda guerra mondiale nel luglio 1939, si sentiva tanfo di guerra ovunque ma nessuno fra le grandi potenze riusciva ancora a vederla, anche perché nessuno mai avrebbe alzato troppo la posta in gioco. L'economia ne avrebbe risentito. Di questo ne erano assolutamente certi i ministri degli esteri di Italia e Germania che in quella sera, a Salisburgo, discutevano della situazione europea.

In un clima che visto a posteriori sembra surreale i due ministri degli esteri hanno scommesso sull'uso della forza armata senza che questa diventasse una guerra, certi che nessuno avrebbe mai voluto la guerra e che quindi mai sarebbe scoppiata. Qua un'altra lezione importante: lo scoppio delle ostilità dipende in gran parte da quanto debole possa sembrare la preda: più debole viene percepita e più alto è il rischio che contro di essa si scatenino forze militari.

Questo ci insegna tre cose fondamentali: la prima è che la guerra in sé non è mai lo scopo, è sempre l'effetto collaterale a cui nessuno anela, neanche chi la scatena. Chi scatena un conflitto armato ha come scopo quello di vincere e sottomettere l'avversario, non infossarsi in un conflitto lungo e lacerante. Questa è l'essenza della guerra: si usa la forza armata per raggiungere uno scopo politico nella speranza che l'avversario non opponga resistenza o che capitoli il prima possibile.

Lo scopo è vincere, non combattere.

Il combattimento costa, crea morte, distrugge l'economia. Nessuno lo vuole. Tutti vogliono vincere. Ed è proprio in questo pendolo fra il voler vincere e il volere sopravvivere che sotto determinate condizioni storico-economiche scoppia la guerra: scoppia in un vuoto, nel momento in cui l'oscillare del pendolo fra vittoria e autoconservazione dà la sensazione ad una collettività di poter vincere senza pagarne le conseguenze in termini di guerra.

A tal riguardo la competizione militare può essere decodificata e letta attraverso i modelli della microeconomia classica. Quando due potenze decidono quanto investire in armamenti basandosi sulla scelta dell'altro, agiscono secondo il **Modello di Cournot**, trasformando la difesa in una funzione della quantità prodotta dall'avversario. Se invece una superpotenza agisce come **Leader di Stackelberg**, fissando standard tecnologici o dottrinali a cui le nazioni minori devono adattarsi come **Follower**, essa esercita un vantaggio della prima mossa che manovra le scelte degli avversari in anticipo. La guerra ibrida, tuttavia, tende spesso al **Modello di Bertrand**: una competizione al ribasso dove l'attore con meno vincoli morali o strutturali obbliga l'avversario a calarsi al proprio livello per non essere eliminato: questo si vede nel conflitto in Ucraina oggi, dove Kiev grazie alle sue difese economiche ha un vantaggio tattico netto rispetto sia a Mosca ma come anche rispetto a Washington.

L'altra cosa che ci insegna è che la guerra non è organizzata. Organizzate sono le forze armate o le battaglie. Organizzati sono gli attacchi. Ma se un conflitto che presuppone due attori fosse organizzato, non si potrebbe chiamare guerra perché vi sarebbe una collaborazione di fondo.

La guerra è per definizione lo strumento di politica estera che si contrappone alla collaborazione. Quando una partita di calcio si dice "organizzata" significa che vi è collaborazione fra le due squadre, questo ovviamente rende la partita una farsa.

Nella guerra, come detto prima, l'istituzionalizzazione è bassa e poco incisiva, rappresentata principalmente dallo *ius in bello* (come la guerra andrebbe condotta) e lo *ius ad bellum* (cioè cosa uno Stato dovrebbe fare prima di prendere parte ad un conflitto). Nel caso sportivo si parla di istituzionalizzazione, cioè che esistono delle regole da rispettare entro le quali svolgere uno scontro. Idem con la guerra: vi è intenzione di vincere, ma nessuna delle due squadre vuole arrivare ai supplementari e poi ai rigori. Quella è una agonia che in guerra, così come in qualsiasi gioco conflittuale, si vuole a tutti i costi evitare.

Ma a differenza dello sport le regole in guerra sono molto marginali, il che obbliga a scelte serie, poiché in ballo vi è la sopravvivenza di una o più comunità.

Ma come sorge? La guerra sorge per via di condizioni principalmente esterne (di rado interne) non direttamente o immediatamente soggette alla volontà della collettività da cui nasce l'ostilità.

La dialettica "guerra e pace" scandisce lo scorrere della storia sotto l'ottica di una costante alterazione di fasi.
La pace, così come la guerra, si sa quando inizia ma non si sa quando finisce, entrambe nascono per una intersecazione di variabili e fattori ambientali. Sotto l'ottica della dialettica storica viene da sé che il sorgere della guerra dipende dallo scorrere della pace e il sorgere della pace dipende dallo scorrere della guerra.

Non è una retorica lessicale, in quanto comporta che la guerra non è un male a sé stante, bensì un male la cui nascita dipende da condizioni precedenti di pace che non soddisfacevano le parti e a cui non si è trovato compromesso o soluzione che non fosse l'utilizzo della violenza organizzata di massa (Clausewitz).

Ogni qualvolta ci si approccia all'analisi di una guerra è quindi sempre utile ricordare che la guerra non dipende dalla guerra stessa o dai militari o dai potenti di turno, bensì dipende dalla pace e dall'ordine internazionale ed economico che da quella pace era sorto.

La volontà subentra nella sola tattica: nel calcolo di rischio e nel calcolo di minaccia, deterrenza e compellenza.

Minore è la precisione della calcolabilità dell'effetto atteso e maggiore sarà il fattore umano che, nelle fasi preliminari all'attività bellica, si configura come scommessa: la scommessa o l'azzardo sono uno dei principali fattori umani non strutturali che determinano lo scoppio o meno di un conflitto. Il "noise", cioè l'errore di precisione nel calcolo dei rischi è il principale motivo dell'invasione ucraina del febbraio 2022 suo malgrado, per la Russia è diventata una guerra d'attrito per cui non erano pronti.

Si adopera il verbo "scoppiare" per definire l'inizio della guerra proprio in virtù del fatto che pur avendo radici strutturali nella meccanica delle interazioni umane sotto condizione di incertezza e di vuoto di potere, le ostilità hanno origine in una scintilla unilaterale che porta con sé una serie imprevedibile di eventi concatenati. Si tratta di un evento fondante originario scaturito da una serie di condizioni preesistenti in fermento.

Nel settembre del 1939 si capisce che tutte le previsioni erano sbagliate: la guerra è scoppiata. Regno Unito e Francia dichiarano aperte le ostilità contro la Germania che aveva annesso l'ennesimo territorio impunemente.

Perché erano sbagliate le previsioni? Perché la guerra si ha con la commistione di politica ed esercito. I politici capiscono la politica, i militari capiscono la battaglia, ma la guerra è quell'area grigia in mezzo ai due. Si potrebbe aggiungere che le previsioni erano sbagliate perché le persone si illudono spesso che tutti preferiscano la pace alla guerra o perché si sottostimano o sovrastimano le capacità e i timori altrui.

Ed è in questo spazio di deterrenza che il ruolo della **diplomazia** diventa cruciale non come alternativa alla forza, ma come misuratore della **simmetria** tra gli attori. La guerra scoppia solitamente quando la percezione di questa simmetria viene meno o quando la diplomazia fallisce nel segnalare correttamente i limiti dell'avversario. Quando si parla di "linguaggio diplomatico" si intende davvero il termine linguaggio: la diplomazia è un linguaggio e serve a segnalare informazioni ai partner o agli avversari. È l'incertezza sulla reazione altrui a trasformare la strategia in un azzardo.

Inoltre, a guerra scoppiata, è interessante notare come esista una differenza strutturale nel modo in cui le diverse forme di governo reagiscono alle umiliazioni militari. Nelle **democrazie**, dove la legittimità è diffusa tra i vari apparati e il popolo è sovrano, una sconfitta porta solitamente al cambio dei vertici politici (il governo) ma non delle istituzioni in sé, poiché la responsabilità viene redistribuita sull'intero corpo sociale. Al contrario, nei **regimi autoritari**, il vertice *coincide* con l'apparato; l'assenza di legittimazione popolare fa sì che, in caso di disfatta, la colpa ricada sulle istituzioni stesse e non sulle persone che occupano il vertice, portando spesso al collasso dell'intero sistema politico e alla sua personificazione estrema.

Non dimentichiamoci inoltre che gli apparati statali, i leader e le nazioni intere altro non sono che aggregati di esseri umani, con uguali vizi e virtù, solo in scala differente e quindi con alcune differenze dovute alle grandezze. Anche su questo punto, *la mutazione delle proprietà di una collettività al variare delle grandezze*, lascio aperto un prossimo futuro approfondimento.

Prendendo come esempio madre la Seconda Guerra Mondiale, **V.D. Hanson** ci aiuta nella comprensione della guerra elencando i tre elementi politici, in tempi di pace che aiutano lo scoppio della guerra:

1) **Isolazionismo** = vuoto di potere (in capo agli USA)
2) **Appeasement** = vanificazione della ***deterrenza materiale*** (in capo al Regno Unito)
3) **Collaborazionismo** = trarre vantaggio e compiacenza dal e con l'avversario nell'illusione di essere amici (in capo all'Unione Sovietica)

Deterrenza materiale: è la deterrenza che si ha quando un attore dispone materialmente di attrezzature e organizzazione militare avanzata superiori all'avversario.

Nella primavera londinese del 1940, il governo inglese ha capito ormai troppo tardi che le intenzioni di Hitler non sarebbero state mitigate con molte concessioni: **l'appeasement di Neville Chamberlain era stato scambiato per debolezza e non funzionava, anzi il pacifismo aveva spalancato le porte della**

guerra. Impedire la guerra cercando di proporre la pace senza poterla imporre, non funziona.

Infatti, possiamo trarre una **regola** intuita da V.D. Hanson:

"Più applichi deferenza verso qualcuno quando disponi d'un potere per cui non necessiti di deferire, più guadagni disprezzo per la tua magnanimità piuttosto che apprezzamento"

La guerra è coltivata da un contesto strutturale ma sboccia per sentimento e azzardo, due fattori irrazionali onnipresenti dell'esistenza umana: pathos e rischio.

Ma tutte le previsioni erano sbagliate? Tutte tranne una: quella di Winston Churchill: uomo sbagliato al momento giusto usato dalla storia e poi scartato dalla vita politica. Forse l'unico che aveva capito qualcosa, perché? Churchill, mente militare prestata alla politica, ricopriva esattamente quell'aria grigia che la guerra ricopre; aria grigia come lo stesso Churchill.

Aveva capito che "non si poteva negoziare con un leone quando la propria testa era nella sua bocca". Questa è la migliore sintesi della pace, alter ego della guerra. La *pace sistematica* si può solo imporre con la forza coercitiva, non in altri modi. Sui termini della pace ci torneremo più avanti.

Le sanzioni sono un preludio alla guerra che spesso inaspriscono i termini e coalizzano le fazioni anziché dissuaderle.

Una lezione importante che si può derivare è la seguente: la pace è facile da ottenere in termini nominali, difficilissima in termini reali duraturi.

Cosa vuol dire? Che il modo più veloce per raggiungere la pace è semplicemente arrendersi, subire. O in alternativa negoziare un cessate il fuoco. Non esiste anticamera migliore ad un perdura del conflitto di un "cessate il fuoco". La pausa alle ostilità militari non equivale alla fine del conflitto.

A pochi mesi dalla morte del suo predecessore Chamberlain, Churchill si ritrova sul groppo la responsabilità di dover fare sopravvivere la propria collettività a una minaccia che era stata allevata da una pace **debole** con l'aggravante di essere **punitiva** (Trattato di Versailles), quindi perennemente a rischio.

Questi sono i due elementi cardinali di una pace sbagliata. Sbagliata non in senso etico ma in senso funzionale: **l'unione dell'elemento punitivo e l'elemento della debolezza in capo a chi punisce.** Questo poiché la debolezza è un incentivo per la devianza e la punizione da sola è anch'essa incentivo per la devianza. Una pace che si regge su due effetti devianti non può auspicarsi di essere stabile e duratura. Operare una tale pace è un rischio altissimo.

Il rischio, è un'essenza della guerra, il campo forte di Churchill: con un esercito totalmente allo sbando alza la posta ogni turno di più.

La guerra è questione di rischio, non sempre di razionalità. La razionalità della guerra si ha solo a posteriori.

La scelta di Churchill differisce da quella di Chamberlain per una semplice considerazione: **se si lascia che la minaccia di una guerra abbia potere sui negoziati, allora si creerà un precedente per cui ad ogni futura minaccia ne conseguirà una sottomissione.** A minaccia va corrisposta minaccia, consapevoli che questo potrebbe portare effettivamente ad una guerra che, ribadiamo, né Chamberlain né Churchill né Hitler volevano in prima istanza.

Essa consiste nel reciproco tentativo di portare la controparte ad un negoziato più favorevole possibile alle proprie istanze. Ci sono fasi dei conflitti in cui agli aggrediti conviene implorare l'interruzione delle ostilità e momenti in cui gli stessi aggrediti rifiutano la pace, e viceversa. Vi sono belligeranti che vorrebbero tornare alle condizioni antecedenti lo scoppio della guerra (istanza difficilmente accolta, in quanto la guerra per definizione una volta iniziata stravolge l'ordine e ne crea uno nuovo – *Organsky n.d.r.*), altri belligeranti che vorrebbero invece un nuovo ordine su cui riporre un nuovo status quo. La morfologia di tale ordine non è uguale nella percezione dei due attori anzi, sempre contrapposta.

Vien da chiedersi dunque, e soprattutto, cosa sia la pace. Essa è il motivo per cui esiste la guerra così come la guerra è il motivo per cui esiste la pace.

In termini archetipici la pace equivale al dominio, la guerra all'assenza di potere: minore è il potere maggiori saranno le violenze. La pace è uno status quo, una imposizione che garantisce la presenza di un arbitro terzo dominante che sappia controllare i conflitti in modo organizzato e farli confluire entro un sistema istituzionalizzato. E' esattamente l'opposto di quanto avviene in un contesto di guerra.

In un territorio fertile alla guerra manca un ente sovrano che funga da agente terzo: tutti gli attori sono circa sullo stesso livello e tutti vogliono aumentare il proprio potere approfittando dell'assenza di un ente sovrano superiore che glielo possa impedire. Questo è avvenuto negli anni '30: dopo la prima guerra mondiale non ci fu un chiaro vincitore: l'Europa era un colabrodo e nessuno poteva vantare una assoluta supremazia sugli altri. La pace con cui è terminata la prima guerra mondiale è essa stessa il fattore scatenante della seconda guerra mondiale. La guerra va terminata obbligatoriamente con una pace forte e un netto vantaggio sull'avversario sconfitto, altrimenti la conflittualità riemerge di lì a poco. Il nemico non va umiliato, va annichilito nella sua accezione politico-organizzativa.

Dopo la guerra vi è la pace, che altro non è che il ritorno all'economicismo, su imposizione coercitiva del vincitore della guerra. Quando in questo contesto il potere centrale inizia a non poter più garantire un dominio capillare, riemerge la possibilità per qualcuno di aspirare a posizioni maggiori. Si riaprono i conflitti. La pace è gerarchica perché presuppone un governante e un governato. La guerra è più tendente all'eguaglianza, in quanto chiunque accetti lo scontro senza capitolare è in qualche modo convinto di poter prevalere, o resistere, percependosi su un livello non inferiore a quello dell'aggressore. Senza resistenza da parte dell'aggredito, si ha sùbito la pace, quindi il dominio dell'aggressore. Ognuno di noi ha vissuto o la guerra o il dominio, chiamata pace. Nessun essere umano ha mai potuto sperimentare condizione diversa.

L'azzardo in guerra e il dilemma del cervo: la dinamica della caccia al cervo, nell'ambito della teoria dei giochi, costituisce un gioco introdotto da Jean-Jacques Rousseau. In questo contesto, si delineano due protagonisti che si trovano di fronte alla decisione cruciale durante una battuta di caccia: optare per il cervo o la lepre. La peculiarità del gioco risiede nella necessità di prendere tale decisione senza alcuna conoscenza pregressa della scelta compiuta dall'altro cacciatore. Inoltre, occorre considerare che per catturare un cervo <u>è imperativo che entrambi scelgano</u> quest'ultimo come bersaglio, <u>mentre per la lepre è sufficiente l'impegno di un solo individuo</u>. Va evidenziato che, nonostante la lepre rappresenti un premio meno gratificante rispetto al cervo in quanto pasto di maggior pregio, il cibo ottenuto sarà diviso tra i due cacciatori che cooperano. Data l'assenza di cooperazione e la mancanza di informazioni reciproche sulle scelte, il gioco si configura come non cooperativo. Nel caso di strategie pure, si individuano due Equilibri di Nash: entrambi sparano alla lepre o entrambi sparano al cervo. Sarebbe quindi ottimale per i due attori dividersi il cervo, cioè le risorse. Ma dato che se solo uno dovesse scegliere di cooperare resterebbe a bocca asciutta, la scelta optata ricade sulla defezione, la quale mette al sicuro nel breve termine di ottenere accesso alla risorsa, pur esponendo però al rischio di guerra sul lungo termine.

Nella "*Game Theory*" questo dilemma viene rappresentato così e rappresenta perfettamente l'azzardo cui il sistema internazionale è continuamente sottoposto:

	Stato A	
Stato B	**Coopera**	**Defeziona, rischia**
Coopera	Stato A e Stato B si dividono la risorsa	Stato B coop. ma non ottiene nulla, Stato A prende tutto
Defeziona, rischia	Stato A coop. ma non ottiene nulla, Stato B prende tutto	Stato A e Stato B defezionano entrambi: guerra

(Coopera; Coopera) = Pace;

(Coopera; Defeziona) = Sottomissione unidirezionale;

(Defeziona; coopera) = Sottomissione unidirezionale inversa;

(Defeziona; Defeziona) = Guerra

Le collettività satelliti (clientes) economicistiche, che vivono di benessere tenderanno alla cooperazione, mentre le collettività egemoniche che influenzano i clientes, tenderanno alla defezione sopportando il rischio continuo di violenza.

Alla fine del nostro capitolo cosa abbiamo compreso? Che le guerre accadono, non si fanno. Ed accadono poiché l'utilizzo della forza militare è riflesso estremo e massimo del comportamento di una collettività che esiste in uno spazio delineato, nutre degli interessi contrastanti dettati da fattori strutturali ambientali, in primis la percezione di sé come collettività e l'allocazione di risorse economiche – distribuite disegualmente sul globo.

La guerra nasce da un fondamento economico in quanto è dettata da fattori strutturali, ma scoppia per fattori sovrastrutturali ed opera in modo totalmente anti-economico.

La guerra è un male, ma quando la pace viene percepita come più ingiusta della possibilità di guerra, allora lì si ha la radice del problema. Essa è un sintomo di un qualcosa di retrostante che risulta o viene percepito dalla collettività come difettoso. Ragione per cui qualsiasi azione o qualsiasi politica volta ad eliminare la guerra o a renderla illegale non potrà che essere un palliativo: i suoi risvolti emergono sotto altre forme, si veda ad esempio il fenomeno sempre più concreto dei mercenari e delle compagnie private: all'aumentare delle restrizioni e delle implicazioni inerenti la guerra gli Stati si rivolgono ad attori privati che eludono talune restrizioni legali. Vietare la guerra è come vietare la povertà, o vietare l'inflazione: lascia il tempo che trova.

La costruzione e il mantenimento di una pace percepita come giusta dal numero maggiore possibile di persone, questa è la vera sfida.

La guerra è un atto di misurazione, l'atto più estremo che esista per misurare chi è più forte fra i due attori; ma questo potrebbe avvenire anche in altri modi, anticipando la guerra prima che scoppi: una forte deterrenza è auspicabile rispetto ad una forte guerra. L'effetto della misurazione di forza tra attori si può ottenere anche senza scendere in guerra. Motivo per cui - triste verità empirica - il pacifismo spesso fallisce nei risultati e nel peggiore dei casi mina il potere di deterrenza aiutando suo malgrado il sorgere di guerre disastrose.

Tale è il cerchio totalizzante della guerra e della pace.

Appendice I. Focus sul *métron* della guerra

Non possiamo però terminare un capitolo sull'essenza concettuale della guerra e della sua fenomenologia senza soffermarci su due termini ricorrenti: guerra simmetrica e guerra asimmetrica. In virtù di quanto finora scritto dobbiamo ricollocare questi termini molto diffusi e spesso poco approfonditi. La portata di questi termini è di fondamentale importanza ed è necessario partire da una constatazione: la "métron" della guerra, cioè la misura di essa, non è una modalità di guerra che si può scegliere, infatti essa è un risultato di una interazione. Nonostante ciò, si può in anticipo sapere quale sarà la formula che un futuro scontro avrà, poiché la metrica è data da fattori strutturali che esulano dalle volontà degli stessi ma che preesistono e sono quindi osservabili con discreto margine di sicurezza.

Guerra simmetrica, asimmetrica, ibrida, convenzionale, forze regolari eccetera, iniziamo distinguendo cosa queste parole rappresentano, se fenomeni o attori o se fattori causanti o risultanti. Come già argomentato in questo capitolo, la "guerra" fa riferimento ad una interazione sociale scarsamente istituzionalizzata, ergo possiamo già escludere che tale parola faccia riferimento ad un attore, bensì ad una interazione e come tale, va incluso nei fattori risultanti, non causanti. Simmetria e asimmetria possono quindi essere due termini che fanno <u>riferimento solo alla misura tra più attori</u>, motivo per cui è un risultante, cioè risultato di una interazione. Tuttavia, vi sono culture che prediligono la guerra asimmetrica alla guerra simmetrica e viceversa, questo non vuol dire che loro singolarmente hanno capacità di determinarla, ma possono cercare di incidere o, in qualsiasi caso possono schierare delle forze militari che tendono più verso una interazione simmetrica o asimmetrica. Le forze militari invece, esse sì, dipendono solo dall'attore e dalla sua cultura, ecco perché noi conoscendo la struttura delle forze militari (prassi tecnica) e la dottrina militare (teoria) anche di uno solo degli attori possiamo avere margine di previsione su quale *métron* la guerra avrà; se conosciamo entrambe queste caratteristiche di ciascun attore, il margine di errore si riduce ancora di più; adesso capiremo quali sono le formule da tenere in mente.

Quando si dice "esercito asimmetrico" in realtà si fa una semplificazione lessicale che potrebbe indurre in errore: non esistono eserciti asimmetrici, bensì eserciti la cui forza militare materiale e la cui dottrina militare li rendono inclini, adatti o disadatti alla simmetria o all'asimmetria. Ancora più importanti sono gli obiettivi politici retrostanti, che come ricordiamo, sono il vero deus ex machina di qualsiasi guerra. Dentro ogni conflitto e guerra vi sono degli specifici obiettivi politici e questi obiettivi politici, riflettono a loro volta la cultura da cui provengono e proiettano sull'esercito metodo e obiettivi militari.

Quali sono quindi le caratteristiche definite simmetriche o asimmetriche? Le guerre simmetriche sono l'interazione risultante da uno scontro tra forze militari convenzionali, dette anche "regolari". Queste sono soggette in maggior misura alle restrizioni in capo agli Stati sovrani in quanto soggetti principali del diritto internazionale. Inoltre, si caratterizzano per una netta distinzione tra civili e militari, i primi vengono infatti esclusi quanto più possibile dal conflitto. Tale conflitto viene infatti riassunto in una lotta tra collettività che si materializza solo ed esclusivamente come competizione tra governi, lasciando in "relativa pace" le popolazioni civili. Questo sta alla base della cultura prettamente occidentale di distinguere in maniera netta i civili dal resto della guerra. Il modus simmetrico di fare la guerra è infatti endogena all'occidente, è una dottrina strutturata dagli europei sulla base della quale sono strutturati i nostri eserciti nonché le relative normative internazionali ed interne. La guerra simmetrica viene combattuta con estrema violenza, ed è proprio questa estrema violenza ricercata e voluta che impone un'altra condizione: la limitazione dei conflitti. Essendo così distruttivo il conflitto deve avere luogo su un campo di battaglia e deve essere combattuto tra militari e a tal riguardo deve essere anche limitata nel tempo e nello spazio: l'obiettivo di una interazione bellica simmetrica è solo uno, cioè cercare la battaglia decisiva, il punto climax di massima violenza, al fine di determinare militarmente la legittimità dell'una o dell'altra istituzione (e/o governo) su una posta in gioco territoriale. Lo scopo è quasi sempre territoriale e il conflitto termina con una negoziazione che ricalibra le giurisdizioni in senso geografico (cioè l'alterazione dei confini). La guerra simmetrica può dirsi tendente al verticalismo, con componenti ben distinti tra loro.

Il corrispettivo asimmetrico, detto anche "ibrido", è sostanzialmente il negativo della guerra simmetrica.

Le forze possono talvolta essere anche regolari, ma ciò che cambia sono principalmente gli obiettivi e di conseguenza il modo in cui le forze militari si muovono. Pur prediligendo la guerriglia, per essere asimmetrica le forze militari non devono obbligatoriamente essere sembianti Vietcong o Mujahedin, infatti l'asimmetria può risultare anche solo da manovre militari asimmetriche portate a compimento da eserciti di natura regolare, come ad esempio le prime fasi della guerra in Ucraina del febbraio 2022: forze regolari ucraine che combattono in modo asimmetrico a ritmo lentissimo facendo largo utilizzo di tecniche di guerriglia orizzontali.

Le forze militari tendenti alla asimmetria si distinguono quindi principalmente non per dotazione militare (anche se va riscontrato che solitamente le forze militari asimmetriche sono materialmente più deboli e tecnologicamente più rudimentali) bensì principalmente per obiettivo politico e dottrina. Infatti, la dottrina asimmetrica, così come brillantemente analizzata da **Qiao Liang e Wang Xiangsui nel saggio "*Guerra senza limiti*" del 1999,** si contraddistingue per una forma orizzontale: lo scopo non è più raggiungere un apice massimo di violenza e distruzione in un luogo e in un tempo ben specifico al fine di rinegoziare la giurisdizione territoriale tenendo separata quanto più possibile la popolazione civile: è vero il contrario.

Le forze militari tendenti all'asimmetria cercano invece di ottenere una vittoria psicologica e sociale tramite un esercizio della violenza a ritmo lentissimo, quasi atomizzato, lungo nel tempo, logorante e socialmente pervasivo. Se da un lato abbiamo quindi detto che la ricerca dell'apice di violenza tipico della guerra simmetrica occidentale obbliga le parti ad una naturale circoscrizione del conflitto, tale premessa nella guerra asimmetrica non sussiste: i media sono più importanti dei mitragliatori, l'allargamento del conflitto alla cittadinanza non solo non è un danno, ma è esplicito obiettivo politico. Controllo dei media, false informazioni, mobilitazioni di piazza, terrore, attentati, sabotaggi sistematici, false flags e militari senza uniformi o civili armati sono componenti preponderanti della guerra asimmetrica. Questo modello di confronto non è quindi prettamente militare, bensì a prevalenza orizzontale e sociale. Questo mette in crisi gli occidentali nel cercare di definirla e quindi nel comprenderla: non essendo un modus tipico della nostra dottrina militare, ci risulta impossibile affrontare anche solo intellettualmente uno scontro con fazioni avversari che ad esempio, non cercano un campo di battaglia e non cercano di distinguere militari da civili, ma preferiscono cyber attacchi, sabotaggi, mercenari, donne armate e bambini con esplosivi. Diventa complicata la cognizione anche poiché alla base vi è la premessa dottrinale occidentale: i civili devono stare fuori dal conflitto, presupposto questo, molto ridimensionato se non del tutto assente nella dottrina asimmetrica in cui i civili sono solitamente sia il mezzo quanto l'obiettivo.

L'obiettivo è piegare non il governo avversario, ma la sua opinione pubblica, ergo la società civile. Celebre è l'esempio dell'Offensiva del Tết Nguyên Đán in Vietnam nel 1968 su idea del generale Nguyen Giap: una sonora sconfitta militare dei Vietcong si trasforma in una clamorosa vittoria politica per il semplice fatto che la pubblicazione dei video di morti e feriti sui canali televisivi americani fece calare il supporto della popolazione alla guerra, supporto che, come ormai sappiamo, è *conditio sine qua non* di ogni guerra. Questo è un distinguo sul lungo termine: la guerra occidentale è elitaria mentre la guerra asimmetrica è più "democratica", coinvolgendo il demos come obiettivo e come strumento.

Ciò porta ad un'altra considerazione da fare: se i morti civili in guerra, nella dottrina occidentale, sono un deficit che i governi cercano di nascondere il più possibile, il numero dei morti nell'ottica asimmetrica sono un grande plus che anzi si cerca di aumentare in ogni modo per fare adirare e rendere ancor più coeso il fronte interno, nonché far cadere il fronte dell'avversario facendogli vedere quanto disumane siano le proprie azioni. Più sono le vittime più aumenta il vantaggio; a tal riguardo, l'attore le cui forze militari e politiche tendono all'asimmetria saranno inclini ad adottare stratagemmi quanto più mediatici e dalla più alta risonanza possibile e, sotto quest'ottica, fanno leva sull'aspetto umanitario, che specialmente oggi, ha un fortissimo impatto sull'opinione pubblica occidentale.

Ciò genera però una guerra al ribasso: se nel modello verticalistico della dottrina simmetrica i morti subiti – specialmente civili – erano un *malus* da nascondere all'opinione pubblica, col paradigma asimmetrico diventano una merce da esporre alle telecamere. Questo non perché i rispettivi governanti siano cattivi o cinici, ma per mera conformazione della struttura dottrinale del proprio modo di concepire un conflitto. Per assurdo, l'attore asimmetrico più subisce vittime e più massimizza la possibilità di vincere, specialmente contro attori democratici che devono confrontarsi principalmente con la propria opinione pubblica. Si crea quindi una competizione al ribasso che riecheggia ***il modello competitivo di Bertrand.***

Il terrorismo non è una forma della guerra, è un'arma, uno strumento e un modus operandi proprio dell'asimmetria. In quanto strumento, non può essere attaccato poiché non è né un attore né un obiettivo politico. Pertanto le guerre convenzionali contro il terrorismo sono impotenti per definizione. Anche perché il terrorismo è l'unico fenomeno bellico di natura prettamente civile alla cui origine può esserci un attore strategico immateriale, come una ideologia. Il mandante di un atto terroristico non è quasi mai uno Stato-Nazione giuridico.

Per meglio ricordare queste distinzioni metriche in termini assoluti possiamo così riassumere:

- **Simmetrica**: regolare, acuta, violenta, veloce, discriminata, militare, <u>verticale.</u>

Viene solitamente *vinta dal* più forte.

Mira a distruggere le forze armate nemiche.

- **Asimmetrica**: irregolare, sparsa, subdola, lenta, indiscriminata, ibrida, <u>orizzontale.</u>

Viene solitamente *vinta da* chi è più piccolo o ha più tempo.

Mira a distruggere il consenso interno del nemico.

La guerra senza uniformi e senza leggi. Vivere in uno status di guerra asimmetrica è qualcosa di disumano per qualsiasi occidentale il quale - abituato nel migliore dei casi a concepire la guerra sul fronte - non riuscirebbe neanche a capire cosa significhi vivere in una guerra lentissima, che si cela ovunque e la cui violenza latente potrebbe scoppiare contemporaneamente in un asilo, in ospedale, o su un bus. Tale è la distanza dal nostro modo di vivere che anche le reazioni e le difese contro questo tipo di guerra risultano assurde, disumane, ingiuste.

Ma adesso facciamo un esempio: se una forza regolare si scontra con una forza irregolare (ibrida o tendente asimmetrica) quale sarà il tipo di guerra che ne verrà fuori? Chi determina quale tipo di interazione avrà luogo?

le regole del conflitto vengono determinate dal soggetto con meno vincoli, che meno ha da perdere e con più margine di manovra sulla propria popolazione. Vige infatti la regola dell'anello più debole della catena. Il soggetto disposto a tutto e con meno limiti, obbliga l'avversario a calarsi al proprio livello, in quanto la competizione avrà luogo su standard più bassi.

Può risultare strano, ma per una logica dell'innovazione ciclica così come postulata da Schumpeter o Christensen, possono verificarsi paradigmi simili al dilemma dell'innovatore, dove il soggetto più debole, in virtù della propria "bassezza" riesce a superare dei limiti che il soggetto più sviluppato non sa, non può o non vuole superare, determinando così un vantaggio tattico da fornirgli la vittoria su attori più grandi e potenti (esempi come l'Afghanistan e il Vietnam calzano a pennello).

Formula equativa:

- A parità di forza:

Forza regolare + forza regolare = interazione simmetrica

Forza regolare + forza irregolare = interazione asimmetrica

Forza irregolare + forza irregolare = interazione asimmetrica

- Senza parità di forza: il soggetto più debole, *ceteris paribus*, cercherà di rallentare il ritmo della guerra e il suo esercito regolare cercherà di dilatare quanto più possibile il termine degli scontri adottando misure irregolari, come la guerriglia e i sabotaggi.

Appendice II: Guerra, perché esiste la pace?

In un mondo perfetto ci interrogheremmo sul perché esista la guerra e non sul perché esista la pace, condizione che dovrebbe essere naturale. Ma ricordiamo che fra il *dovrebbe essere* e l'*essere* c'è una gran differenza. Purtroppo nell'analisi prevalgono sempre i fenomeni e le tendenze che realmente sono, piuttosto che quelle che dovrebbero essere in un mondo ideale.

Il modo in cui si imposta l'analisi sulle fondamenta teoriche della guerra è già di per sé una presa di posizione, motivo per cui vedremo quale sia la distinzione tra le due:

questo esercizio mentale può essere ricondotto a quesiti ben più banali come "la zebra è nera a strisce bianche o bianca a strisce nere?". Traslato: la pace è una interruzione della guerra o la guerra è una interruzione della pace?

La prima presuppone infatti che la guerra sia la costante reale e che la pace sia un bene che interrompe la naturalità delle cose che sarebbe la guerra.

Quindi nella prima ipotesi la condizione di guerra sarebbe lo sfondo costante e perenne. La seconda invece presuppone il contrario, ovvero che la pace sia la normalità e che la pace corrisponda allo stato di natura e che la guerra sia un male che interrompe brutalmente la condizione naturale dell'essere umano. In questa seconda ipotesi quindi, la condizione di pace sarebbe lo sfondo costante e perenne.

Entrambe sono vere. Come è possibile? In termini scientifici quando due asserti sono opposti e mutuamente esclusivi eppure sono entrambi veri, siamo di fronte ad un caso di transcalarità. Sono entrambe vere sì, ma non sulla stessa scala concettuale. Si tratta in quel caso di due misurazioni vere, fatte però con scale di grandezza e criteri differenti.

Per comprendere questa particolarità prendiamo adesso le due principali famiglie di guerra: la guerra tra Stati e la guerra civile, detta *stasis*. La differenza tra guerra "normale" e "stasis" consiste nel fatto che la prima è combattuta tra soggetti giuridicamente alla pari, cioè due organizzazioni politiche territoriali alla pari, chiamati appunto "Stati-Nazione". Il conflitto ha quindi luogo nella fascia ultra-sovrana.

La seconda - cioè la guerra civile - è combattuta tra soggetti ìmpari di natura differente, ovvero tra soggetti civili (prevalentemente non militari) e sub-statali e dall'altro lo Stato-Nazione a cui territorialmente appartengono.
Il conflitto ha quindi in questo caso luogo nella fascia sub-sovrana.

La dimensione ultra-sovrana e la dimensione sub-sovrana. Sono questi due ambienti a determinare la risposta della domanda iniziale. Infatti, nella dimensione scalare ***ultra-sovrana*** la guerra è per definizione lo sfondo naturale delle cose, poiché due attori reciprocamente sovrani non conoscono sovranità superiore alla loro, ergo la competizione è implicita e non istituzionalizzata.

Nelle interazioni fra soggetti che non riconoscono una autorità superiore allo sfondo è automaticamente conflittuale. Invece, nella dimensione ***sub-sovrana*** i soggetti interagiscono in condizione di assoggettamento ad un ordine costituito e sono quindi subordinati ad un potere superiore, costituito dalle istituzioni statuali a cui appartengono. Va da sé quindi che sotto la dimensione sub-sovrana, le interazioni tra soggetti sub-sovrani, cioè i cittadini, sono di regola pacifiche, poiché il contrario minerebbe lo stesso presupposto dell'esistenza dello Stato, ovvero la sovranità sui cittadini su un dato territorio ben definito. Ecco perché sotto questa dimensione, la pace è la condizione standard naturale.

Come abbiamo visto in questo piccolo esercizio mentale, due asserti mutuamente escludenti e di carattere opposto possono essere entrambi veri, benché posti su dimensioni concettuali differenti. Questo è il risultato che si ha quando non si pongono le variabili in condizione di ***ceteris paribus***, poiché il "ceteris" fondamentale – cioè la dimensione di analisi – è differente da un asserto all'altro.

Cerchiamo ora di capire, nella dimensione della ultra-sovranità, quale sia il legame fra esito di una guerra e costruzione di una pace. Abbiamo infatti dimostrato come guerra e pace siano due fenomeni contrapposti e totalizzanti e come siano in fondo strettamente legati essendo due facce della stessa medaglia. Col seguente schema diamo in modo organizzato una chiave di lettura che può aiutare a comprendere i cicli guerra-pace, trattandosi di un quadro teorico, va riadattato ad ogni empirica esperienza post-bellica.

	Il difensore ha vinto?	
⭕	**Sì**	**No**
Sì	A	B
No	C	D

(Row label: **Il vinto è appacificato?**)

Delineiamo quindi 4 situazioni post-guerra: A, B, C e D

Situazione A: condizioni perfette per l'instaurazione di una pace duratura.

L'aggressore ha perso ed è stato appacificato. Questa situazione ebbe luogo ad esempio nel caso della Germania e del Giappone dopo la seconda guerra mondiale. Le interazioni successive saranno pacifiche e salde.

Situazione B: condizioni imperfette per l'instaurazione di una pace duratura.

L'aggressore ha vinto e l'aggredito è stato riappacificato. Questa situazione ebbe luogo durante le guerre napoleoniche in cui l'aggressore, la Francia rivoluzionaria, riesce sia a vincere sia ad appacificare l'aggredito, tuttavia resta un malcontento latente fra la popolazione e le classi dirigenti poiché consapevoli di essere le vittime di una aggressione ed essere state incapaci di difendersi. In virtù di questo, di lì a poco nasceranno i sentimenti nazionalisti tedeschi che saranno tutto fuorché filo-francesi.

Situazione C: condizione per la continuazione del conflitto sotto forme para-statali.

L'aggressore viene sconfitto ma il difensore non riesce ad appacificare l'aggressore, il quale ha incentivo a – e quindi potrebbe potenzialmente – riprendere le ostilità sotto forme differenti da quelle militari, come ad esempio forme asimmetriche di aggressione quali l'uso del terrorismo o della guerriglia. Questo avvenne nel 1967 e poi nel 1973 dopo la guerra dello Yom Kippur: le fazioni che rappresentavano la causa panarabica - come Egitto, Giordania o Siria - che aggredirono Israele vennero sconfitte sul piano militare ma quelle fazioni non vennero appacificate da Israele, tramutandosi oggi quindi in quella che chiamiamo causa palestinese, la quale appunto - avendo perso l'appoggio militare del pan-arabismo statuale - fa larghissimo uso di tattiche di guerriglia e di terrorismo, dando origine alla questione dell'eterna occupazione militare.[1]

---

[1] Con lo Yom Kippur del 1973 diventa chiaro che il panarabismo non avrà futuro. Ciò significa che non ci saranno più interventi militari statali contro Israele. Nasce nello stesso periodo la questione palestinese, che prima era solo una questione esclusivamente araba portata avanti dagli stati arabi. Dopo lo Yom Kippur si mette una pietra tombale sul pan-nazionalismo laico e contemporaneamente nascono i vari movimenti terroristici di rivendicazione palestinese che prima non esistevano, assumendo una connotazione sempre più islamista.

Occupazione che per sua natura dovrebbe appacificare il vinto ed essere transitoria. Questa condizione arresta gli eserciti convenzionali ma favorisce la guerriglia, come conflittualità civile diffusa e terroristica.

Il passaggio da conflitto arabo-israeliano a israelo-palestinese è il tipico esempio di 'Situazione C': l'ideologia palestinese contemporanea è nata dal suddetto fallimento militare del panarabismo. Quando gli Stati arabi hanno cessato lo scontro simmetrico, la conflittualità è mutata in forma asimmetrica e terroristica. Questa dinamica è alimentata da premesse storiche spesso distorte dalla propaganda, come l'idea che la Palestina fosse una nazione araba sovrana o che gli ebrei tutti siano colonialisti estranei, quando in realtà gli arabi stessi furono colonizzatori del Medio Oriente nel VII secolo. Finché queste premesse non vengono smantellate la coesistenza di due popolazioni distinte resta molto complicata.

Situazione D: condizione di estrema violenza ed estrema volatilità degli attori. Questa è senza dubbio il peggior esito che una guerra possa avere e sarà inevitabilmente il preludio di un conflitto aspro e perdurante che vedrà sorgere ostilità sia nella dimensione ultra-sovrana sia nella dimensione sub-sovrana.

L'aggressore vince la guerra ma non riesce ad appacificare il difensore. Si hanno quindi entrambi i lati negativi dovuti sia dalla vittoria dell'aggressore che genera un risentimento come nella *Situazione B*, sia i lati negativi della *Situazione C* in mancanza di una riappacificazione post-guerra.

Questo avvenne durante la primavera araba in Libia, dove tecnicamente - *tralasciando la storia brutale del regime Gheddafi* - la Libia viene *de facto* aggredita da uno spregiudicato intervento militare francese e perde la guerra, ma il vincitore – cioè la coalizione guidata dai francesi, non appacifica lo sconfitto.

Tutt'oggi si avvertono i disagi di questo genere di assetto post-bellico in cui, come evidente, la Libia non esiste più come Stato-Nazione ed è meramente un teatro di violenza, terrorismo e atrocità.

Al termine di ciò si ribadisce quanto importante sia distinguere tra la costruzione della pace e il cessate il fuoco o gli armistizi, spesso due fenomeni questi ultimi, considerati erroneamente sinonimi della pace, ma che spesso non sono altro che il preludio ad una prossima guerra. La costruzione e il mantenimento della pace dipendono più di ogni altra cosa dall'esito della guerra che l'ha preceduta, ed è uno dei punti più roventi dei fallimenti umani. Le guerre hanno un tempo preciso e la pace ha un prezzo altissimo.

In tale contesto va ricordato, per ogni aspirante analista, che l'analisi bellica deve guardarsi dall'**attivismo**, che è la *longa manus* dell'ideologia e procede per slogan e causalità finalistiche aprioristiche. Il nostro compito è la **divulgazione**, intesa come *longa manus* della scienza, che utilizza il metodo dell'argomentazione e accetta il feedback della realtà, anche quando questo confuta i nostri desideri morali. Solo de-umanizzando la conoscenza della guerra possiamo sperare di mitigarne gli effetti.

2. PERCHÉ VOTARE SEMBRA NON AVERE PIÙ SENSO?

"Votare non ha più senso", *"ho votato per la destra e ho votato per la sinistra, ma non cambia mai niente"*. Alcuni di noi hanno detto queste frasi, tutti abbiamo sicuramento sentito proferirle da qualcun altro.

Le ragioni alla base di questa opinione collettiva non sono sempre le stesse e può anche succedere che la disillusione sia dovuta ad aspettative surreali nei confronti della politica. Fatto sta che però, comunque la si voglia mettere, la democrazia è internazionalmente in difficoltà e i motivi alla base sussistono da sempre, non sono locali né incidentali. Viene quindi da chiedersi se ci sia un problema strutturale insito nella stessa democrazia tale per cui questa sensazione diffusa non sia solo nazionale, ma sembrerebbe avere delle analogie con altri Stati, altre collettività.

Si potrebbe in qualche modo sostenere che la democrazia abbia in sé alcune caratteristiche, dette *proprietà*, per cui l'importanza del voto vada scemando col tempo.

È forse un caso che nel nostro Paese si abbia la sensazione che il voto abbia sempre meno valore? Ci si domanda se la colpa sia dei politici e del perché gli Stati che adottano politiche poco democratiche sono in aumento nel mondo. Si vuole forse sostenere che le persone si siano stancate di decidere per sé e abbiano bisogno di un sistema autoritario? Nient'affatto.

Se per assurdo però, dovessimo sostenere che forse il voto effettivamente avrà sempre meno valore, non per colpa ma anzi per virtù? Quanto segue vale ovviamente solo in condizione di *ceteris paribus*.

Prima di iniziare un ragionamento vanno trattati quesiti fondamentali, partendo come al solito dalle definizioni e dagli elementi che compongono un fenomeno, cioè le proprietà: innanzitutto cos'è il voto, quando e perché è nato; e in secondo luogo dobbiamo comprendere il rapporto che intercorre fra **politica interna e politica estera.** Scopriremo presto perché questa dicotomia è il centro fondamentale della nostra riflessione.

Il voto rappresenta, anche se da poco (in mediana mondiale da meno di 100 anni) lo strumento principale per accedere alla vita pubblica, e non solo, in modo legale, istituzionalizzato e pacifico: <u>il voto è lo strumento attraverso cui il popolo esercita uno dei tre elementi fondamentali dello Stato, cioè la sovranità, ovvero il monopolio della forza legittima in un dato territorio.</u>

Eppure non è stato sempre così; la sovranità non sempre ha avuto bisogno del voto per esistere, né le persone hanno avuto bisogno del voto per essere membri di una comunità, né tantomeno per determinare chi dovesse stare al governo. Non è con la democrazia che le persone hanno iniziato ad essere membri della società. È con la democrazia che essa si regola, creando un diritto, creando una pratica che fino a quel momento era stata lasciata in balìa della forza e della furbizia: la gestione del potere.

A livello astratto, forme democratiche sono sempre esistite poiché sono stati sempre e solo esseri umani a comandare la cosa pubblica, sempre in gruppo e mai singolarmente. Ricordiamoci infatti che le nazioni, gli Stati, le tribù, gli imperi e via discorrendo, sono tutte istituzioni create e composte da umani in forma aggregata, e mai da un solo individuo. Sono infatti elementi nativi della società e che della società hanno necessità per esistere. Senza "demos" non esiste né monarchia, né impero, né democrazia: semplicemente non esiste una società. Di conseguenza l'azione attiva del "demos", delle persone, è un requisito *sine qua non*.

Nella storia dell'essere umano, il voto ricopre una minuscola percentuale temporale. L'istituzione del voto a suffragio universale, cioè garantito a tutti i cittadini, è una pratica relativamente giovane che ha visto la prima vasta diffusione dopo la seconda guerra mondiale; ha raggiunto il suo picco estensivo ad inizio anni 2000 per poi avviarsi subito dopo verso una discesa in favore di quei modelli politici detti "democrature", cioè regimi democratici che hanno ridotto la loro portata partecipativa, o regimi autoritari che semplicemente non fanno segreto della propria ostilità ai sistemi democratici occidentali. È questo il fenomeno a cui vogliamo dare risposta.

La diminuzione dei paesi democratici è la conseguenza di un fenomeno più grande, non la causa. Ma è vero quindi che il voto non rappresenta più l'arma primaria per governare la cosa pubblica?

Senza troppi giri di parole, intendiamoci: il voto ha assunto tale valore in correlazione al nazionalismo, quell'ideologia che promuove, eleva e difende il concetto di patria, e a questa ideologia esso rimarrà ancorato, e questa è una realtà con cui prima o poi bisognerà confrontarsi per capire dove siamo diretti.

Capiamo il perché di questa affermazione: prima dell'avvento dei primi moti nazionali del tardo Settecento, la partecipazione alla cosa pubblica dipendeva su base sociale e l'appartenenza dell'individuo alla società era ancorata a strutture politiche diverse da quelle di oggi.

La sua dimensione pubblica era in primis locale e, in secondo luogo, poco politica.

Inoltre, la sua dimensione pubblica risiedeva nella famiglia: la famiglia, detta focolaio, era il nucleo, l'unità di misura principale e l'individuo non era considerato come una realtà a sé stante, bensì una frazione da ricondurre ad un ceppo da cui trarre legittimità pubblica. La persona in sé non era un soggetto, bensì un componente, un sub-soggetto che appunto era la famiglia. Ed è ancora così in molte aree del globo.

L'istituzione stessa del cognome dipende da questo retaggio, in cui il singolo era soltanto una sotto-particella di un tutt'uno, che era la famiglia.

In quel periodo, non si poteva parlare di democrazia moderna in senso individualistico come la intendiamo oggi, ma non perché non esistesse il voto, bensì perché l'uomo singolo non era nemmeno considerato come un soggetto pubblico. La famiglia a cui esso apparteneva era a sua volta dipendente dalla struttura piramidale che terminava con l'apice: la famiglia reale. **A tal riguardo, si consiglia la lettura dell'appendice alla fine del corrente capitolo.**

La sovranità ha riguardato sempre tutti ed è sempre dipesa da tutti, sia uomini che donne, ma essa era direttamente amministrata da una cerchia di persone limitata il cui accesso era strettamente legato da rapporti di sangue o fiduciari.

Finora vi sarete accorti che tutta la nostra riflessione si è riferita alla politica interna, cioè la politica che riguarda quel che avviene dentro i confini territoriali della collettività, dicesi Stato. La vita pubblica veniva concepita alle sue origini solo ed esclusivamente come la dimensione che unisce i vari nuclei familiari appartenenti alla stessa collettività (che oggi diremmo nazionale) e non a collettività esterne.

Da qui ne deriva che *in nuce,* la cosa pubblica ha dei confini, non è universale. Ed è in questo spirito nazionale che si sviluppa un'idea, quella democratica, di cui oggi invece si ha illusione d'essere a carattere universale. Motivo per cui, ogni tentativo di esportare la democrazia, fallisce. Ciò per la semplice ragione che la democrazia è un processo interno ad una collettività, che nasce in seno a una collettività per la collettività in cui nasce, seguendo le istituzioni del posto che a loro volta dipendono dagli usi e i costumi di quella gente.

Un errore frequente nell'analisi delle transizioni politiche è l'idea che la democrazia sia il motore dello sviluppo economico. Al contrario, dobbiamo riconoscere il **capitalismo come prodromico alla democrazia**: la storia dimostra che un mercato tendente all'industrializzazione e quindi all'urbanizzazione nonché una struttura economica stratificata che creano determinati *cleavages sociali* devono precedere l'istituzione democratica per garantirne la stabilità. Senza una base capitalistica che regoli la competizione per le risorse, la democrazia scivola rapidamente nel plebiscitarismo o nel caos, poiché mancano i contrappesi materiali necessari a sostenere il peso della sovranità popolare.

La dimensione pubblica era una dimensione relativa solo ed esclusivamente ai sudditi dello stesso regno e solitamente, per quasi tutti, aveva una dimensione cittadina. Tranne che per guerre o razzie, tutto ciò che avveniva nei regni vicini, o lontani che fossero, era del tutto irrilevante per la vita dell'individuo medio fino ai primi del Settecento.

Ma qualcosa cambia: la storia dell'uomo come sappiamo non può essere ciclica, ma ha forti elementi di circolarità sanciti dalla stessa natura umana e dal rapporto che esso intrattiene col suo ambiente. Ciò che spezza la ciclicità della storia è una variabile che si interpone proprio fra l'uomo e il suo ambiente circostante: la tecnologia. La tecnologia ha la capacità di plasmare la società in modo dirompente più di qualsiasi volontà politica. **Capitalismo, industrializzazione**

e urbanizzazione sono tre fenomeni che se da un lato sanciscono la fine delle vecchie istituzioni sociali dall'altro invece sanciscono le basi per la nascita della nazione, intesa come istituzione sostitutiva alle vecchie reti sociali degli antichi regimi cioè le stesse istituzioni che facevano da collante verso la cosa pubblica, appunto: famiglia, chiesa e ovviamente, nobiltà.

Cambia la società, ma non cambia il paradigma: si parla sempre e comunque di politica interna; interna ad un regno, che sta mutando, sì, e che presto sarà una democrazia, ma è sempre un regno che ha dei confini e dei limiti oltre i quali la sua influenza svanisce. Essendo che il voto è un modo per manifestare la sovranità e la sovranità ha senso solo se si parla di uno Stato, è chiaro che la democrazia ha un carattere nazionale che per definizione nasce in seno ai confini nazionali.

> La democrazia serve alla sovranità, la sovranità serve allo Stato, lo Stato ha dei confini: per proprietà transitiva si può dire che la democrazia ha dei confini. Come sarebbe se invece non li avesse? Sarebbe un mondo in cui i cittadini cinesi voterebbero per gli amministratori italiani e quelli italiani voterebbero per gli amministratori del Giappone. Si perderebbe in pratica il legame fiduciario che lega eletto ed elettore, rendendo de facto vana l'elezione. Motivo per cui, appunto, la democrazia ha senso solo se si parla di confini stabiliti entro cui la sovranità dell'elettore ha legittimamente luogo.

Le leggi, le sentenze, le guerre, le azioni politiche… non vennero più fatte in nome del sovrano, bensì in nome del popolo: dal suo trono, il re, poteva essere destituito in qualsiasi momento, con le buone o con le cattive.

Ma questo "popolo" non era apolide, rispondeva e combatteva per le istituzioni della propria collettività: era un popolo nazionale.

Si ha la nascita di due nuovi soggetti sociali, l'individuo e la nazione.

FOCUS - Il nazionalismo non ha tolto i regnanti dal trono, ma ha tolto loro lo scettro della sovranità. Ecco che la forma di governo monarchica inizia ad avere sempre meno senso: in molte realtà i Re non sono stati uccisi dal progresso, hanno mantenuto salva la vita, ricoprendo però un ruolo marginale: dissociazione questa, tra potere sostanziale da potere formale.

La sovranità non era più del regnante, ma della nazione; e quindi come andava esercitata? Ovviamente col voto. Il voto è la frammentazione millesimale del potere prima concentrato in una oligarchia reale.

Questo ci fa riflettere sul fatto che un'istituzione, come la monarchia, può restare in vita pur ricoprendo un ruolo marginale, ritualistico, quasi solo cerimoniale.

Il monarca è passato dall'avere potere di vita e di morte a dover vivere come un cerimoniere per rappresentare e compiacere una nazione che, né per scelta divina né per scelta propria, rappresenta. Potrebbe oggi la storia ripetersi? Il voto potrebbe essere oggi nella fase iniziale della mera ritualità?

> Oggi la vita pubblica si è ampliata ed è uscita dai confini nazionali. Il prezzo del petrolio ha più impatto sulla nostra vita di quanto ne possa avere un ministro; uno sciopero nelle fabbriche di micro-conduttori in Asia può comportare uno

<u>stallo nel funzionamento della pubblica amministrazione e una guerra oltre mare può portare una quantità di immigrati maggiore di quanto un sindaco democraticamente eletto possa saper gestire o meno.</u>

Dalla dimensione nazionale si è passati alla dimensione internazionale: dalla supremazia della politica interna si passa alla supremazia della politica estera.

Questo perché il nostro stile di vita richiede risorse, beni e servizi che fisiologicamente non possono essere prodotti entro i nostri confini. Nessuno Stato al mondo dispone di tutte le risorse, di tutti i beni o di tutti i servizi di cui necessita. Nessuno.

Ciò per la constatazione di fatto citata poc'anzi che la necessità di risorse muta nel tempo e che la loro disomogeneità nella distribuzione terrestre porta ciclicamente a scontri e cambiamenti del baricentro politico internazionale.

Questa condizione si chiama interdipendenza. Nessuno l'ha imposta, è frutto delle nostre scelte. Noi che scegliamo di accendere il riscaldamento anziché raccogliere la legna, o acquistiamo un condizionatore giapponese, noi che scegliamo di avere uno smartphone in tasca che ha componenti provenienti da tutto il mondo. Nessuno stile di vita moderno, né ambientalista né vegano né consumista, può oggi avere luogo senza l'interdipendenza economica.

In formula: *Ceteris paribus*, maggiore è la tendenza democratica, maggiore sarà la propensione verso il commercio, maggiore la propensione verso il commercio maggiore diventa la propensione verso l'esterno: la propensione verso l'esterno aumenta l'interdipendenza economica e riduce il valore dei confini statuali, il che mina la territorialità intrinseca della democrazia, erodendo il potere di voto e la sua efficacia concreta.

Paradosso: le società democratiche sono in decadimento poiché si ritrovano oggi in un contesto in cui ciò che succede fuori dai confini è quasi sempre più rilevante di ciò che accade dentro. Ma il potere di una democrazia è limitata dai confini nazionali: oltre quel confine il tuo voto non conta più, ma è proprio oltre quel confine che accadono molte cose che ci riguardano e su cui noi siamo impotenti.

Ed ecco che il paradosso si fa più acceso: le società più interdipendenti - cioè quelle più economicistiche, in cui i confini diventano obsoleti - sono esse stesse fra le più democratiche.

Le democrazie hanno come caratteristica propria, il commercio con l'esterno, il quale accresce l'interdipendenza e la quale diminuisce la sovranità espressa col voto. La democrazia sembra portare in sé il germe del suo auto-sabotaggio?

Se oggi votare ha meno peso, non è colpa solo dei politici: è in atto una storica trasformazione da una società politica nazionale ad una società economica internazionale, il cui futuro resta sconosciuto. Per ora possiamo sostenere che qualsiasi Stato aperto al reciproco commercio con l'esterno non possa dirsi pienamente economicamente sovrano, cioè politicamente democratico.

Democrazia politica e liberalismo economico sono, per assurdo, due tendenze in contrapposizione in quanto formano due modelli di società contrastanti sotto quasi tutti gli aspetti, la prima obbligatoriamente territoriale la seconda del tutto avulsa all'esistenza di confini. Questa dissonanza è venuta meno solo in Europa e solo al termine della seconda guerra mondiale. Ciò è stato possibile nelle fasi embrionali della loro coesistenza poiché si è riusciti a reprimere gli angoli di ciascuna tendenza fenomenica, smussandoli. Tale convergenza è parabolica, non fisiologica, cioè avvenuta in modo fittizio grazie all'intersecarsi di altri fattori esterni che hanno contribuito a formare società ossimoriche come quelle "liberal-democratiche". Al terminare di questa congiunzione terminerà probabilmente anche il connubio armonioso fra democrazia e liberalismo. Fra questi fattori esterni che hanno aiutato questa speciale convergenza storica non può essere omessa la condizione di esteriorizzazione della sovranità: la sovranità degli Stati europei è oggetto della politica estera del nostro egemone di riferimento.

Gli Stati Uniti difendono l'Europa e noi ne siamo completamente dipendenti. Questo privilegio difensivo ci ha resi completamente avulsi alla cruda e bruta realtà politica che tutto il resto del mondo esperisce, motivo per cui si è riusciti a nascondere molti ossimori che caratterizzano la nostra esistenza europea, esistenza che ha luogo in un limbo magico fatto di agi unici al mondo.

Grazie a questa condizione *sui generis*, l'ossimoro dell'armonia fra democrazia e liberalismo appare poco evidente all'occhio nudo, impedendoci di coglierne la traiettoria parabolica.

Appendice III: sulla democrazia

Quanto suggerito in questo capitolo obbliga a delle precisazioni di carattere connotativo riguardo il termine "democrazia". A quale accezione di democrazia dobbiamo fare riferimento per mantenere la coerenza logica del discorso? Una precisazione importante è relativa al carattere passivo ed attivo del governo. Se vogliamo comprendere l'incisività che della popolazione nel governo dobbiamo ragionare analizzando le proprietà ivi contenute ovvero la facoltà passiva di essere scelti al governo e facoltà attiva di scegliere la rappresentanza, traslato in termini di costo di ingresso: entrambe queste proprietà preesistevano la nascita della democrazia moderna.

La democrazia moderna nella sua accezione comune, infatti, **differisce nei costi di ingresso al governo,** essa rende tale azione più semplice, ergo meno costosa in termini di rischio e risorse. Ciò avviene poiché l'azione di ingresso al governo attivamente e passivamente viene resa istituzionale, ergo un aspirante leader non deve più pagare il costo in termini di incolumità fisica personale o alla propria famiglia come avveniva nell'epoca premoderna, epoca in cui l'ingresso e l'uscita dal governo avveniva in ogni caso, ma con costi ben maggiori. Ciò che si intende sostenere, in specifico riguardo la democrazia, è che l'essere umano, sotto qualsiasi circostanza, abbia determinato lo scorrere della propria esistenza.

L'incisività dell'essere umano come singolo nei confronti dell'aggregato umano, tuttavia, non è costante ed eguale. Ciò comporta che la società non è sempre perfettamente la somma dei suoi membri individui, infatti vi sono degli elementi distorsivi che possono amplificare il potere dei singoli sull'aggregato o ridurre il potere dei singoli sull'aggregato. Principalmente questo elemento distorsivo del rapporto che intercorre fra il singolo e l'insieme è costituto dalle istituzioni. Infatti, maggiore è il potere di una istituzione e minore sarà il potere individuale e, va da sé, maggiore sarà il potere delle leggi. In contesti poco istituzionalizzati o dove le istituzioni sono in crisi, ad esempio, una personalità forte attrae a sé un maggior potere.

Questa equazione (incisività del singolo è inversamente proporzionale alla forza e stabilità delle istituzioni) va posta a sua volta in relazione alla estensione territoriale dello Stato in esame (maggiore è lo Stato e maggiore sarà l'effetto distorsivo nel rapporto fra singolo e insieme; nonché rapportato alla frammentazione sociale, anche questo elemento largamente distorsivo.

Minore importanza hanno le istituzioni e maggior rilievo hanno le azioni individuali. Motivo per cui la guerra, che è un importante componente dello scorrere storico, è l'unica variabile in cui, a parità di altre condizioni, l'agire del singolo può determinare lo scorrere della storia. In quanto le scelte tattico-militari dei generali possono avere grandi ripercussioni strategiche nel lungo termine per la rispettiva collettività, in barba allo strutturalismo fondamentale da cui la guerra sorge.

Tornando nello specifico alla connotazione di democrazia il concetto stesso di rappresentanza democratica investe la popolazione della responsabilità delle azioni di governo.

Visto che le istituzioni sono composizioni umane e il governo come tale è una istituzione umana composta solo da esseri umani e visto che gli essere umani non nascono in termini ascritti come "solo governanti" o "solo governati", vi sono ragioni di credere che chiunque possa assurgere al ruolo di governato o di governante.

Questo rende i cittadini di uno Stato non scindibili in due categorie discrete fisse. Nonostante ciò la dissociazione fra popolo e governo viene data per scontata a priori per motivi prettamente etico-politici, come se il governo non fosse costituito anch'esso dal popolo, ma tale affermazione, invece, andrebbe assolutamente dimostrata.

E' utile, ai fini della creazione di un nuovo assetto pacifico, esonerare la popolazione sconfitta dalla responsabilità bellica, ma è chiaro che si tratti pur sempre di una finzione. Non è sufficiente proclamare la dissociazione governanti-governati per rendere il popolo irresponsabile al fine di dimostrare la suddetta dissociazione o renderla reale. Se questa dissociazione esiste va dimostrata, come vanno dimostrate tutte le affermazioni a carattere generale, scientifico e universale.

Tutto ciò prescinde dalla forma di governo democratica o meno, la quale certamente aumenta e rende istituzionalizzata la responsabilità della popolazione, chiamata in questa fattispecie come "elettori", ma non ne pregiudica l'incisività anteriore alla nascita della democrazia, poiché anche ben prima della sua diffusione, le istituzioni pre-democratiche erano in egual modo anch'esse dipendenti dalla popolazione. Motivo per cui esiste ed è sempre esistito il controllo sui media, la censura, il controllo sull'istruzione, la propaganda: senza consenso e senza coinvolgimento della popolazione nessuna forma di governo può reggere nel lungo termine.

A tal riguardo, il disincanto verso il voto è alimentato anche dalla trasformazione dell'opinione pubblica tramite i media orizzontali: al calare del costo marginale della tecnologia, si sono creati via via strumenti sempre più accessibili e orizzontali che hanno oggi eroso il potere di filtro degli intermediari. Infatti, sui social, il cittadino non è più solo fruitore, ma anche produttore di informazione (prosumer): egli è un **cittadino-giornalista** che però spesso non si assume la responsabilità dei contenuti che pubblica. I social sono diventati una società parallela priva dei meccanismi di selezione naturale propri della realtà, come la vergogna o l'emarginazione sociale, che regolano il comportamento. Essi rappresentano l'estremizzazione dei **moti di piazza** descritti da LeBon: istanze di pancia, plebiscitarie, che saltano il filtro della rappresentanza e del dibattito intellettuale, riducendo la democrazia a un rumore di fondo che svuota di significato l'atto meditato del voto.

La stessa pulsione che le istituzioni governative hanno di controllare la popolazione e il relativo insieme valoriale, culturale, informativo ed educativo è essa stessa dimostrazione di come in assenza di questo controllo si potrebbero verificare le condizioni per cui una popolazione detronizzi il relativo governo, dimostrazione anche questa che senza il consenso, nessuna forma di governo a prescindere dalla legalità delle elezioni, può avere luogo sul lungo termine e cioè oltre il temporaneo regime militare, che va inteso come la genesi di una organizzazione Statuale.

La necessità di controllo esercitata dalle istituzioni, lungi dall'essere una mera velleità autoritaria, rivela la natura profonda della nostra organizzazione sociale: **le istituzioni democratiche devono essere intese come complessi strumenti di manutenzione memetica.** Per comprendere questo passaggio, dobbiamo ricorrere alla **Memetica**, la scienza che studia i «memi», ovvero le unità di trasmissione culturale — idee, leggi, prassi — che si diffondono per imitazione e competono per la sopravvivenza nel pool sociale proprio come i geni nella biologia.

Il «disincanto» e l'anarchia informativa dei media orizzontali descritti poc'anzi non sono altro che una rottura della **fedeltà di copiatura** di questi replicatori culturali. Se, come abbiamo visto, i social eliminano i meccanismi di selezione naturale sociale (vergogna pubblica e sanzione), essi permettono la proliferazione di «mutazioni letali» — informazioni false e spinte disgregatrici — che rendono il sistema istituzionale instabile e incapace di trasmettersi alle generazioni future.

Questa fragilità deriva da un dato evolutivo ineludibile: a differenza di api o formiche, l'essere umano non è geneticamente eusociale, cioè non è un organismo di gruppo, l'individuo resta centrale; la nostra è una **semi-eusocialità convergente.** Mentre negli insetti la cooperazione è iscritta nel DNA, nell'uomo essa è il frutto di una convergenza faticosa che va difesa attivamente. In questo equilibrio precario, ogni nuovo membro della società — o ogni «cittadino-giornalista» privo di responsabilità — agisce potenzialmente come un **free-rider** (o «scroccone irresponsabile»): un individuo che sfrutta i benefici del sistema (libertà, sicurezza, informazione) senza pagarne i costi in termini di impegno o onestà intellettuale.

Senza una **manutenzione culturale, o memetica, costante** operata attraverso l'istruzione e il controllo valoriale, i memi della cooperazione degradano inevitabilmente verso un **Equilibrio di Nash evolutivo**, ovvero uno stato di disgregazione dove la ricerca del vantaggio egoistico individuale prevale sul benessere collettivo. È qui che si inserisce la tensione tra i due motori della nostra architettura cognitiva, esemplarmente studiati da Daniel Kahneman:

- Il **Sistema 1**, rapido e impulsivo, è programmato dai geni per cercare il vantaggio immediato e risponde perfettamente a quelle «istanze di pancia» che dominano i moti di piazza digitali.

- Il **Sistema 2**, lento e faticoso, è l'unico capace di sostenere la complessità del dibattito democratico, ma richiede uno sforzo energetico che la nostra biologia tende strutturalmente a evitare.

Quando le istituzioni perdono il controllo del processo educativo e informativo, la società nel suo complesso smette di investire nel Sistema 2 e scivola verso una preponderanza del Sistema 1. Questo collasso non è un evento accidentale, ma la fine di un sistema che, avendo rinunciato alla manutenzione dei propri replicatori, torna a rifugiarsi in modelli autoritari o tribali molto più **aderenti agli istinti primordiali del Sistema 1**, i quali non richiedono sforzo critico ma solo l'obbedienza a impulsi ancestrali. In ultima istanza, la pulsione governativa al controllo del consenso è il tentativo disperato di

impedire che la «finità» biologica dei nostri geni egoisti divori
l'artificio culturale della democrazia.

Appendice IV: sulla Tecnocrazia

Una variabile intrinseca che non abbiamo finora esplicitato ma che merita un maggiore approfondimento riguarda la tecnocrazia.

Infatti, la tecnocrazia viene da molti vista come il problema della democrazia, postulando quindi un nesso causale fra tecnocrazia e declino democratico. Il nesso causale esiste, ma è inverso: è il declino democratico dovuto alla crescente prevalenza dell'economia a determinare la tecnocrazia.

Questo poiché, spostandoci lungo lo spettro che va da politica pura (cioè volontà pura) ad economia pura (cioè mero materialismo) ci si sposta anche in tal senso da una dimensione dove la volontà e quindi l'opinabilità ha più valore ad una dimensione in cui l'opinabilità e la volontà hanno meno valore. Se una caratteristica della società prettamente politica - in tal senso oggi definita democratica come illustrato in questo capitolo - è proprio il compromesso di interessi e divergenze di vedute ed esigenze personali e collettive, andando verso una società economica il margine di scelta si riduce, in quanto l'economia si basa su numeri e dati di fatti e non su mere volontà, aspirazioni e sogni di gloria. L'economia è per definizione lo studio delle risorse e della ricerca sempre più efficiente di sfruttare tali risorse, ed è quindi tendenzialmente più incline a un modello scientifico di società dove efficienza tecnologica e supremazia del metodo scientifico hanno la meglio su volontà e aspirazioni politiche. Va quindi da sé che una società democratica in stato avanzato, con la conseguente esigenza di ottenere e scambiare risorse con l'esterno, abbia intrinsecamente anche la necessità di una classe politica non politica, non soggetta quindi a divergenze di valutazione di carattere ideologico o morale, bensì di carattere prettamente tecnico, scientifico ed economico dove il primato risiede nella scienza e nella tecnica.

Logica questa, che si aggiunge a quanto finora sostenuto e che risulta imprescindibile per comprendere la tendenza che finora la nostra società ha imboccato.

In formula: allo sviluppo democratico ne consegue una maggiore propensione verso l'esterno che crea una interdipendenza implicita più o meno incisiva a seconda dello Stato in questione; a questo va da sé il lento passaggio da una società prettamente politica, soggetta quindi ad ideologie e volontà, ad una società economica, quantitativa, misurabile soggetta quindi a parametri specialistici, tecnicistici e tendenzialmente oggettivi. Tendendo a parametri scientifici, il peso delle opinioni si riduce.

Un discorso che oggi è sdoganato mentre tempo fa costituiva un tabù assoluto è lo stesso messo in discussione del suffragio universale. Ancora allo stato embrionale, questa critica al suffragio è riuscita ad uscire dallo status di clausura in cui è stata negli ultimi decenni ed è oggi oggetto sempre crescente di dibattito. Questo non deve sorprenderci poiché in una società tecnicistica, le opinioni, così come il voto, perdono di importanza rispetto alla conoscenza tecnica propria di una società economica.

La tendenza democratica è quella che si ha quando si scende verso il fonde della piramide aumentando il bacino di aventi diritto, pertanto gli attori economici e politici competono per raggiungere un sempre più ampio bacino inferiori di "utenze" o "elettori".

In questo passaggio, la competizione elettorale finisce per seguire il **Modello di Bertrand** (competizione al ribasso). I partiti, per accaparrarsi il voto degli indecisi, competono offrendo promesse sempre più onerose — come un minor carico fiscale o maggiori sussidi — abbassando virtualmente il 'prezzo' del consenso. Il rischio sistemico è il collasso delle risorse comuni per eccesso di promesse non sostenibili. In una fase successiva, quando i competitori vengono eliminati dalla loro stessa inefficienza, l'attore rimanente può diventare un **price-maker**: l'uomo forte che detta le regole in una democrazia plebiscitaria, dove il voto non è più scelta ma ratifica di un potere pseudo-monopolistico.

L'interferenza delle Corti nella crisi democratica è fisiologica e dà la legittima impressione che la magistratura faccia politica.

Tale fenomeno, che merita ulteriori approfondimenti, si può osservare sia a livello nazionale che internazionale e in particolar modo anche nel ruolo avuto dalle Corti, cioè gli organi preposti all'applicazione delle norme e non alla loro creazione. In un trend che si protrae da decenni ormai, sia a livello nazionale come internazionale, le Corti di giustizia acquisiscono un sempre maggior ruolo nella funzione normativa. Questo fenomeno viene ben spiegato nella parabola del costituzionalismo partitocratico di metà novecento esemplificato negli studi di Paola Piciacchia, alla quale si interseca la matrice prettamente casistica del diritto internazionale.

Appendice V: rapporto tra Sviluppo democratico internazionale e Ragion di Stato. Considerazioni sulle cause del disincanto.

Come tutto questo capitolo ha voluto enfatizzare, gli Stati democratici vivono nel loro interno una forte crisi di coscienza. Specialmente tra le fasce giovani, la sensazione di non cogliere il perché delle ipocrisie percepite e il perché dei vari mali che affliggono la democrazia in patria e all'estero, si fa permeante. Solitamente a questo ne consegue una rivalutazione del sé collettivo: vien da chiederci se non siamo forse noi quelli sbagliati al mondo e nasce quindi una disaffezione verso l'Occidente e i suoi valori, che vengono quindi misconosciuti o messi al bando. Notiamo come se da un lato si predica la democrazia dall'altro non i nostri Paesi non si fan scrupoli a stringere legami con Stati dittatoriali e tirannici. Come mai viviamo questa condizione di smarrimento e di ipocrisia?

Cerchiamo di capire in questa appendice come de-costruire questo problema sociale per ricavarne strumenti e concetti utili all'analisi. **Partiamo da un assioma**: i diritti possono aver luogo, cioè essere effettivi ed efficaci, solo nella loro accezione funzionale: cioè possono essere effettivamente tutelati ed applicati solo in seno ad uno Stato di diritto.

Su un'isola deserta o nel deserto del Sahara non ci sono diritti poiché i diritti presuppongono una qualche forma di società politica organizzata. La strutturazione di questa organizzazione ha luogo secondo un lungo processo di interazioni sociali le quali inevitabilmente hanno riscontri conflittuali, spesso più o meno violenti. Questa è una realtà empirica da cui nessuna società è mai evasa.

Quindi, così come per le società dalle più primitive alle più moderne, l'elemento che crea lo Stato di diritto è la forza, la violenza che evolvendosi tramuta in coercizione monopolistica della stessa, radunata in una unica istituzione pubblica. Esattamente come nel mondo animale, tramite la violenza emergono le organizzazioni sociali come lo Stato; con lo Stato possono avere luogo i diritti e con lo Stato può avere luogo la loro applicazione coercitiva.

Paradosso: Maggiori sono i diritti in seno ad uno Stato e minore è la legittimità percepita riguardo all'utilizzo della violenza, la quale è però il principio stesso per cui esistono la Stato prima e i diritti poi. Più Stato c'è e più diritti ci sono, ma più diritti ci sono e meno Stato c'è, nel senso che viene meno il supporto all'uso della violenza che è proprio ciò che contraddistingue lo Stato in quanto tale. Questo è quanto avviene al livello interno, cioè entro i limiti definiti dai confini statuali.

Sul versante internazionale si assiste ad un fenomeno analogo: il diritto umano internazionale è intrinsecamente diretto verso una misura non Statuale in quanto include l'individuo come soggetto del diritto internazionale.

L'individuo quindi, viene contemporaneamente investito della soggettività interna in quanto membro del proprio Stato e investito anche della soggettività giuridica internazionale in quanto essere umano, scavalcando quindi la giurisdizione nazionale e rendendo, in via crescente, lo Stato come non più unico responsabile dei propri cittadini: secondo questa tendenza lo Stato-Nazione perde lo scettro assoluto e diventa un attore concorrente al diritto internazionale che deve rispondere sia al basso sia all'alto, condizione questa unica nella storia del diritto.

Ripetendo: maggiori sono i diritti e minore è la legittimità che la popolazione conferisce allo Stato nell'esercizio delle funzioni coercitive, ergo minore diventa la protezione stessa dei diritti dovuto all'implosione del sistema. Più diritti positivi vogliono essere garantiti più aumentano specularmente i doveri, ma i doveri per essere rispettati devono avere dietro una spalla forte nella coercizione pubblica, che come detto poc'anzi trova sempre minore legittimità.

L'effetto latente combinato dei diritti umani crea, sul piano interno, una vanificazione della statualità e della coercizione, e sul piano estero una sovra nazionalizzazione, ergo una perdita di unicità dello Stato.

Ciò non rende lo Stato come obsolescente per definizione, ma ne determina automaticamente un ridimensionamento della sua funzione in misura tendenziale. Detto ciò capiamo che oggi, tutelare un bene giuridico come la Ragion di Stato, ovvero tutte le attività volte alla salvaguardia dell'organizzazione politica, diventa più difficile rispetto alla crescente importanza attribuita ai diritti positivi e ai diritti internazionali che vedono l'individui come soggetto e non più come mero oggetto di pertinenza dello Stato-Nazione, ex detentore dell'ultima parola.

In questa tendenza secondo cui sulla bilancia fra i due beni giuridici "Ragion di Stato" e "Individuo come soggetto di una democrazia internazionale" vediamo un prevalere della seconda. Questo non è un problema di per sé, ma diventa un problema solo se quello specifico

Stato diventa oggetto di conflitti internazionali o conflitti interni, situazioni in cui la Ragion di Stato sarebbe obbligata a prevalere, pena l'estinzione della collettività suddetta.

In tempi di pace e di benessere quindi, questa tendenza non sarebbe probabilmente nemmeno percepibile. In tempi difficili invece, questa tendenza risulta in un vero e proprio dilemma sociale. Ed è molto probabilmente la condizione che l'opinione pubblica europea sta vivendo ultimamente.

Siamo quindi arrivati ad un punto in cui la narrativa democratico-internazionalista sfocia in un cortocircuito, impedendoci quindi di capire il mondo esterno. Questo perché le pretese di questa interpretazione internazionalistica della democrazia vanno ben oltre la ragion di Stato, portando ad un conflitto interno in seno all'Occidente: come mai supportiamo l'Arabia Saudita? Come possiamo coniugare un mondo democratico così come fantasticato dalla narrativa comune con le stesse azioni occidentali in politica estera? Come facciamo a supportare gli USA che hanno colonizzato il continente a discapito dei nativi e che fanno guerre ormai da decenni? Come facciamo a guardarci allo specchio dopo aver colonizzato l'Africa?

Ecco sorto il senso di disaffezione verso l'Occidente, senso di disaffezione che altro non fa che farci sembrare deboli all'esterno e che quindi viene cavalcato dalle potenze allogene che puntano tutto sulla nostra difficoltà ad accettare noi stessi: siamo troppo difformi da come ci raccontiamo, troppo ipocriti per essere credibili. Se noi stessi non crediamo in noi, come fanno gli altri a crederci? Questo è un assist fortissimo che regaliamo, paradossalmente, alle potenze narrative anti-democratiche: dovrebbero mai russi e cinesi adottare i nostri valori e le nostre istituzioni quando gli stessi occidentali provano vergogna per ciò che sono?

Meglio consolarsi con un più sicuro autoritarismo, che vede meno differenziazione di pensiero ergo meno rischi di cortocircuiti ideologici e ipocrisia.

Ma come siamo giunti a questo punto in cui ciò che ci raccontiamo di essere differisce troppo da ciò che i nostri governi fanno?

Questo è dovuto al fatto che in Occidente il rapporto fra narrazione e azione si è invertito.

La narrazione è uno strumento di cui si dota l'attore geopolitico per giustificare quanto compie, nasce a posteriori come "giustificazione". In Occidente si è invece assistito ad uno scollamento, dove da un lato le azioni dei governi seguono ancora la Ragion di Stato mentre la narrazione è diventata a sé stante, fatta propria dalle accademie, dai media e quindi dall'opinione pubblica, ribaltando la gerarchia: lo Stato deve ora operare in base alla narrazione imperativa ad anteriori.

Ciò capovolge quanto è stato finora e quanto vale ancora in tutto il resto del mondo: la narrazione è sorta come interpretazione a posteriori di quel che si è fatto e di quel che si farà. Ciò facendo si ha la radice del malcontento occidentale, del senso di smarrimento, del senso di colpa e del senso di tradimento verso quelle che sono le proprie istanze valoriali. Ciò è stato possibile poiché per la prima volta la narrazione è finita in mano all'opinione pubblica e i leader democratici per cercare di essere rieletti hanno iniziato a ragionare sempre più nell'ottica della massimizzazione dei voti, perdendo quella funzione pedagogica sociale che invece ha contraddistinto la classe politica in tutte le ere. Tuttavia, questa forma di accondiscendenza nei confronti dell'elettorato, dopo aver contribuito ad alimentare la narrazione ormai in mano all'opinione pubblica, viene poi tradita. Tradita perché quando i politici vengono eletti dentro le istituzioni sono poi obbligati a rispettare la Ragion di Stato, che ormai è sempre più lontana dalle promesse elettorali fatte per soddisfare la narrazione pubblica.

Questo scollamento, nato per soddisfare le pretese degli elettori, ha creato una situazione di fortissimo mal contento proprio fra gli stessi, i quali hanno sempre più difficoltà riconoscersi nelle proprie società.

3. PERCHÉ ESISTONO GERARCHIE SOCIALI E DISEGUAGLIANZA?

Ovunque, in qualsiasi società, esistono forme fra le più variegate di diseguaglianza. Essa è una condizione permeante del vivere umano moderno e ciò porta con sé disparità etniche, sessuali o sociali più o meno marcate. Esistono società più eguali rispetto ad altre, ma non esiste società in cui non esistano ricchi e poveri, non esiste società che per quanto benestante non abbia dei governatori e dei governati. Per capire il perché di questo dobbiamo andare all'origine della società moderna e ancora più indietro, quando l'uomo passò dalla preistoria alla storia.

> Per analizzare correttamente la gerarchia, dobbiamo prima liberarci di una distorsione cognitiva tipica delle scienze umanistiche classiche: l'idea che esistano società 'semplici' (o primitive) e società 'complesse' (evolute). In un'ottica di **de-umanizzazione della conoscenza**, questa gerarchia decade davanti a quella che definiamo **l'invariante della complessità**: tutte le società anche quelle dette "primitive" hanno altissimi livelli di complessità.

> La complessità non è un traguardo tecnologico raggiunto con i grattacieli, ma una caratteristica fisiologica, innata e inalienabile della nostra specie. Il cervello del Sapiens è strutturalmente programmato per gestire relazioni sociali, astrazioni e strategie di sopravvivenza che richiedono lo stesso identico carico cognitivo sia in una capanna nella

giungla che in un ufficio a Manhattan. Non esiste un uomo 'semplice': ogni essere umano deve negoziare parentele, tabù e gerarchie di potere. Ne consegue che la vita umana si struttura in modo complesso per necessità biologica; la differenza tra una tribù e una metropoli non risiede nel grado di complessità (che è una costante), ma nella scala e negli strumenti della prassi (la variabile acquisita).

Oggi, all'apice dello sviluppo della civiltà umana, si sente ancora parlare di sfruttatori e sfruttati, di persone che dominano e persone dominate. Perché esiste la gerarchia sociale e da cosa deriva?

Raggiungere l'eguaglianza altro non è che una corsa per il potere dei meno abbienti al fine di raggiungere i livelli dei più abbienti, anche a costo di abbassare l'asticella di questi ultimi. Nonostante quindi, nella opinione collettiva, l'uguaglianza si contrappone alle logiche di potere, analizzando più a fondo, anche la corsa all'eguaglianza presuppone un processo conflittuale in cui a farla da padrona sono le logiche di potere: non esistono lotte sociali che non implichino una logica di potere. Questo è fisiologico a prescindere dall'ideologia che maschera, legittima e motiva l'istanza sociale. Per tanto, conservazione del potere e moti rivoluzionari non sono elementi contrapposti, bensì due elementi sequenziali che si alternano a seconda del rapporto esistente tra abbienti e non abbienti. Questo meccanismo si ha sia nella competizione politica, quanto nella competizione di interessi sociali (battaglie per i diritti) quanto solo anche per la tutela o la distruzione di status tra minoranze e flussi migratori.

Per comprendere come si stabilizzano le forme sociali, dobbiamo abbandonare l'idea che l'evoluzione politica 'crei' soluzioni su misura. Al contrario, essa opera attraverso un **processo di esclusione (filtro negativo)** in cui il motore del cambiamento non è una spinta propositiva, ma un setaccio ambientale che elimina tutto ciò che non si adatta ai vincoli sociali e ambientali esistenti. Per questo motivo, con tale opera di astrazione, si riesce a spiegare molti più fenomeni rispetto a spiegazioni incentrate sulla "agency" umana e su morali o ideologie estemporanee. L'adattamento è dunque il residuo di ciò che è sopravvissuto: **non vince il migliore in assoluto**, ma sopravvive ciò che non è 'inutile' relativamente alla propria condizione sociale al punto da non essere rimosso. Ne consegue che molte formazioni sociali non esistono perché 'giuste', ma semplicemente perché, fino a quel momento, non sono ancora state eliminate dalle pressioni ambientali o dalla competizione della propria nicchia sociale che può essere materiale come perfettamente simbolica e immateriale.

In tale ottica, non si può parlare di eguaglianza in altri termini. Secondo Alexis de Tocqueville la storia umana evolve inesorabilmente verso un mondo di persone sempre più eguali.

Questa lettura non è errata, anzi! Si può osservare nella realtà di tutti i giorni come la volontà diffusa di avere più voce in capitolo e di essere considerati di uguale importanza agli altri sia un fenomeno visibile ad occhio nudo a tutte le latitudini. Tuttavia va considerato che le implicazioni, cioè gli effetti, dell'eguaglianza o della diseguaglianza sono percettivi, non quindi ancorati a criteri fissi e reali.

Ad esempio, la questione della diseguaglianza fra collettività europee e collettività subsahariane (dove le ultime hanno un fortissimo svantaggio rispetto alle prime) è sorto solo di recente e non perché il divario sia aumentato (è infatti diminuito) bensì poiché oggi i subsahariani conoscono le proprie condizioni e le comparano con le condizioni economiche europee, percependo quindi una netta differenza che nei secoli scorsi invece, non percepivano e dunque non accusavano. Oggi ci sono gli strumenti infatti per compararsi l'un l'altro da una parte all'altra del globo e di conseguenza, il tema delle diseguaglianze, nonostante nettamente inferiori rispetto al passato, vengono percepite come maggiori.
Su questo torneremo in un prossimo approfondimento.

"Il capitalismo è un sistema di sfruttamento! Non vogliamo gerarchie perché siamo tutti uguali! In un mondo di eguali non possono esserci persone che comandano e persone che obbediscono!"

Questa è, in poche parole, la vulgata comune che racchiude in sé tutto il malcontento per le ingiustizie percepite, come la disparità di potere, il sedicente sfruttamento capitalista e la diseguaglianza economico-sociale. Meno strutture piramidali e "abbasso i potenti", sembra di capire.

Eppure, nonostante le costanti pulsioni sociali che auspicano una società migliore, esiste sempre chi si percepisce sfruttato, chi sta meglio e chi sta peggio, chi comanda e chi no. Nonostante i massimi sforzi per proporre un modello sociale differente, ci si infrange sempre contro un enorme muro di gomma.

Si forma quindi l'idea che esista un "noi popolo comune" contro un non meglio definito "loro, ricchi", cioè l'élite.

Ma dobbiamo fare un passo indietro per capirci: tutti i fenomeni politici sono il frutto della fusione di volontà umana e di ambiente umano, o se vogliamo, della fusione fra idee astratte e tecniche concrete, reali!

<u>Non è sufficiente avere una buona idea politica per generare un buon fenomeno politico</u>: nel passaggio dal pensiero astratto alla penna che scrive e dalla penna scrive alla sua realizzazione, l'idea viene obbligatoriamente trasformata ed adattata alla realtà. Nessuna idea astratta esce indenne da questi passaggi, ogni cosa deve fare i conti col contesto reale. Pena il fallimento. Quasi tutti i tentativi di ingegneria politica sono falliti, partendo dal concetto dei Soviet che è poi diventato, sul lungo termine, la negazione di sé stesso.

Se da un lato quindi *la volontà* è rappresentata dalla politica, *la struttura reale* di una società è definita dall'economia. Economia, capiamoci bene, non intesa come finanza o scienza del denaro, bensì come gestione di risorse limitate e il relativo comportamento umano. Attenzione a non finire nella scienza delle finanze!

> L'economia è la scienza che studia il comportamento umano in relazione alle risorse di cui dispone, ergo il rapporto fra umani e risorse e dunque anche la tecnologia che intercede fra le due. Fra tutte le scienze umanistiche è quella che finora, nella sua accezione comportamentale e non meramente legata alle finanze, ha dato i

migliori risultati predittivi sulla società e sul comportamento umano.

Abbiamo dunque che, alla volontà politica (sovrastrutturale se vogliamo), si contrappone una realtà economica (nel senso organizzativo-strutturale del termine). Cosa significa ciò?

Significa che il desiderio di distruggere le gerarchie non tiene conto di una realtà molto importante: l'esistenza stessa della società. È l'esistenza stessa della società a fare andare in cortocircuito le aspirazioni all'uguaglianza. Perché?

Dobbiamo andare all'origine della società per capire il perché la diseguaglianza è permeante, assolutamente fisiologica, e la società è sempre più o meno piramidale.

Dobbiamo quindi dare una definizione di società. Semplificando, col termine "società" si intende un insieme di esseri umani che si radunano in modo permanente per condividere le proprie vite: per capirci, riunirsi in gruppo, anziché viver da soli, aumenta le probabilità di sopravvivere al freddo e alla mancanza di risorse, nonché difendersi dai pericoli.

Appendice VI: all'origine della società

In realtà, le società esistono anche a livello animale, la società non è una invenzione culturale umana bensì una tendenza generale presente nel regno animale, specialmente fra i mammiferi, di cui siamo anche noi membri.

Le specie animali che si evolvono per vivere in gruppo si strutturano e si conformano in base al gruppo, componendo delle vere e proprie società, analoghe a quelle umane ma molto più semplici. Molte specie viventi, in primis gli esseri umani, si sono evolute come membri di una società al punto da non poter neanche essere definiti tali fuori da una società.

Ad esempio, un essere umano non cresciuto in società, sempre se sopravvive all'infanzia, non sa parlare poiché nessuna società glielo ha insegnato. Non ha uso del linguaggio e di riflesso non sa nemmeno elaborare un pensiero astratto: senza un linguaggio il cervello non può elaborare pensieri.

Il linguaggio è il cardine fondamentale di ogni società senza il quale non esiste la società.

Abbiamo dunque un iter come segue: il linguaggio dipende dalla società, il pensiero dipende dal linguaggio, le azioni complesse dipendono dal pensiero, la connotazione di essere umano è strettamente legata alle azioni complesse che sa compiere e per natura transitiva quindi, l'essere umano come tale dipende dalla società.

Ma vivendo in una società il compromesso diventa indispensabile in quanto ci consente di acquisire dei vantaggi inesistenti nella vita solitaria, comportando però che a nostra volta dobbiamo garantire dei vantaggi agli altri. Il compromesso sociale non è altro che uno scambio forzato fra membri.

Da questo si capisce subito come quando una specie si unisce in gruppo permanente crea una società quindi crea dei compromessi e crea quindi anche delle mansioni: la società somiglia ad un organismo vivente e… in un organismo ognuno ha un compito differente. La vera differenza fra un organismo biologico e la società umana è che se da un lato in un organismo un organo specifico, quale ad esempio il fegato, non potrà mai assurgere al ruolo di cervello, nella società lo scambio fra ruoli è possibile: nessuno nasce con delle mansioni prefissate e quasi nessuno mantiene le stesse funzioni tutta la vita.

Questo approccio descrittivo, qua spiegato sommariamente, viene riferito sovente come "funzionalismo".

Tuttavia, è necessario ridimensionare il funzionalismo classico poiché spesso esso scambia l'**esito** con lo **scopo**. Mentre il funzionalista chiede: 'A cosa serve questo rito?', noi aggiungiamo: 'Quali pressioni hanno permesso a questo rito di non essere escluso?'. Un concetto chiave è quello di **exaptation** (detto *rifunzionalizzazione*): una struttura nata per una funzione (o per caso) può essere riutilizzata per un'altra, ma la sua forma originaria resta dettata dal passato, non dalla necessità presente. Molto banalmente, il fisco non è nato per garantire un buon welfare, è nato per avere una mappatura dei potenziali sudditi idonei per il fronte: le tattiche strategiche hanno sempre due output, una diretta all'obiettivo e una latente. Molti tratti culturali sono semplici residui o 'parassiti' che sopravvivono per inerzia perché la pressione sociale non è ancora stata abbastanza forte da rimuoverli. Superare senza negare in toto il funzionalismo significa guardare alla società non come a un organismo che "vuole" sopravvivere bensì come a un campo di battaglia di variabili che "riescono" a sopravvivere.

Abbiamo constatato un fatto, ma una mente scettica incline al pensiero scientifico adesso deve chiedersi: perché l'essere umano ha avuto questa evoluzione tale da garantirgli la facoltà di creare società così complesse da essere molto superiori alle società animali in termini di complessità e mobilità? Non avrebbe potuto sviluppare caratteristiche più simili e semplici come i nostri più vicini cugini primati?

Ed è una domanda lecita, alla quale vi è risposta.
L'essere umano è un mammifero che a differenza di altri animali è obbligato ad avere un rapporto sociale con i propri simili. Ebbene, oltre che essere ormai diventato fisicamente inadatto alla vita selvatica, tutti i mammiferi devono accudire i propri figli, questo li obbliga a non poter vivere del tutto isolati, tutti i mammiferi creano tipi di società semplici più o meno numerose. Il genere umano ne ha creata una ben più complessa, ricca e duratura.

L'enorme complessità della società umana, come ad esempio il linguaggio, è da ricondurre ad una questione prettamente fisiologica ed evolutiva: l'alta mortalità del parto sia per la madre quanto per la prole.

Infatti, la complessità cognitiva è una **proprietà emergente dei sistemi biologici** sottoposti ad altissima pressione ambientale. La natura ha infatti filtrato l'intelligenza e la struttura sociale complessa in due linee evolutive indipendenti: quella marina dei **cefalopodi** (polpi) e quella terrestre dei mammiferi. I polpi, ad esempio, hanno sviluppato capacità di problem-solving che rivaleggiano con i vertebrati, ma non hanno creato 'civiltà' a causa della mancanza di **tutela alloparentale**: morendo dopo la riproduzione, l'intelligenza dei polpi torna ogni volta a zero poiché non esiste una sufficiente trasmissione della variabile acquisita durante la vita. L'essere umano, invece, è l'esito di una linea che ha combinato un cervello complesso con una struttura sociale di tutela (alloparentalità), permettendo al comportamento appreso di guidare la selezione biologica stessa (Effetto Baldwin).

Per tutela *alloparentale* (letteralmente "tutela diversa dai genitori") si fa riferimento ad una presupposto dell'organizzazione sociale di una qualsiasi specie, la quale cura i nuovi nati collettivamente, non per forza individualmente. La scolarizzazione è la massima espressione di cura alloparentale: dei perfetti sconosciuti curano e istruiscono i nostri figli. Tale meccanismo esiste in molte società animali, seppur a livello di istituzionalizzazione largamente inferiori e meno complessi.

L'Effetto Baldwin in sintesi:

Per comprendere l'Effetto Baldwin in termini semplici, possiamo immaginarlo come il meccanismo attraverso cui **la cultura "prenota" i cambiamenti della biologia.**

Normalmente pensiamo che l'evoluzione avvenga per puro caso: una mutazione genetica fortunata appare e chi la possiede sopravvive, questo è vero ma rappresenta una minuscola parte del tutto. L'Effetto Baldwin, distinto dal Lamarckismo, aggiunge qualcosa a questa sequenza: qui è il **comportamento** a fare il primo passo. Se un gruppo di individui impara una nuova strategia per sopravvivere (ad esempio, l'uso di uno strumento specifico o adotta uno schema specifico di cooperazione sociale), non sta ancora cambiando il proprio DNA, ma sta alterando il proprio **ambiente di selezione**.

In questo nuovo ambiente "artificiale" creato dall'intelligenza, chi nasce con una predisposizione genetica a imparare quella specifica abilità più velocemente degli altri avrà un enorme vantaggio: questa volta genetico. Generazione dopo generazione, la selezione naturale premierà i soggetti più "ricettivi" a quel comportamento, finché quella capacità — inizialmente appresa con sforzo — diventerà una **caratteristica innata** della specie: da qui lo sviluppo cerebrale umano, in quanto l'intelligenza è una caratteristica innata evolutasi proprio tramite questo meccanismo di selezione.

Andando molto in sintesi, l'apprendimento individuale agisce come un'avanguardia che esplora nuove strade; se la strada è vantaggiosa, la selezione genetica la "asfalta" rendendola strutturale.

Mentre nel polpo ogni generazione deve "reinventare la ruota" perché manca la trasmissione sociale, nell'essere umano l'Effetto Baldwin ha permesso alle nostre scoperte culturali di **retroagire sulla nostra** biologia e su tutti quei caratteri che definiamo intuitivamente come "innati", trasformandoci in una specie il cui corpo è letteralmente costruito per vivere all'interno di una cultura e perdendo quindi quelle caratteristiche fisiche che comportamentale impropriamente classificate come "animalesche" (siamo anche noi animali).

Ecco un dettaglio inaspettatamente importante: infatti, la capacità di utilizzare utensili ci ha portato ad alzarci solo su due gambe e non solo. Oltre appunto ad aver sviluppato gli utensili e quindi renderci inclini a stare eretti, il che comporta un restringimento del bacino, grazie a questi utensili è cambiata la nostra dieta: siamo riusciti, grazie alla tecnologia (ritorna il discorso economico fatto prima) è cambiato il nostro modo di approcciarci alle risorse circostanti. Questo ci ha permesso di cacciare prede sempre più grandi, di diversificare la nostra dieta e infine di poterla cucinare grazie al fuoco, uno dei più importanti utensili mai padroneggiati dall'uomo. Tutto questo processo nato dall'utilizzo efficace degli utensili ha favorito l'accrescimento della massa grigia: il nostro cervello è, in proporzione al resto del corpo, gigantesco. Quindi non solo il bacino dei nostri antenati si è ristretto ma è aumentato anche il volume del cranio.

Con i fianchi così stretti e il cervello sempre più grande i cuccioli di umano sono obbligati a nascere prematuri: se crescessero più a lungo nel grembo materno non potrebbero più essere partoriti. Gli umani sono fra le pochissime specie viventi i cui cuccioli, oltre a provocare enormi sofferenze alla madre e rischiando il reciproco decesso, alla nascita non sono in grado di sopravvivere autonomamente: i piccoli necessiteranno di cura costante per diversi anni.

Focus:

Se il cervello grande e il bacino stretto sono la "potenza" che ci obbliga alla socialità, la **tutela alloparentale** è una parte importante dell'algoritmo che ha permesso alla cultura di diventare la nostra variabile dominante. Come prima accennato l'alloparentalità intendiamo la cura della prole da parte di individui diversi dai genitori biologici (nonni, fratelli, membri del gruppo). Questa pratica, rara nel regno animale, ha permesso di estendere a dismisura il periodo di **plasticità cerebrale** dell'infanzia.

Mentre appunto i cefalopodi, pur essendo intelligentissimi non creano civiltà perché muoiono subito dopo la riproduzione (impedendo il passaggio dell'informazione acquisita), l'uomo ha creato un sistema sociale che protegge il 'cucciolo' mentre il suo cervello apprende a prescindere dalla sopravvivenza dei genitori. Questo ha innescato il prima citato **Effetto Baldwin**: un comportamento appreso (come usare un utensile o rispettare una gerarchia) diventa così fondamentale per sopravvivere che la selezione naturale finisce per favorire quegli individui geneticamente più predisposti ad apprenderlo rapidamente. In breve, la società non è nata per bontà, ma come una scuderia per proteggere il lungo aggiornamento del nostro 'software' culturale.

Focus 2:

Per comprendere l'incontro tra popolazioni diverse, dobbiamo analizzare la cultura non come un blocco monolitico, ma attraverso tre livelli di profondità strutturale.

1. **La Cultura come "Capacità culturale", cioè la capacità di attribuzione di un significato condiviso (Software profondo):** È il livello genetico e innato che rappresenta la capacità di ogni essere umano di attribuire significato condiviso al reale: la rete di simboli e valori necessari affinché gli individui di una nicchia si capiscano; se questo software muta, cambia l'intera percezione del mondo della società.

2. **La Cultura come Prassi (Dimensione funzionale):** Rappresenta l'insieme delle azioni, delle leggi e delle istituzioni che mettono in pratica i significati condivisi, generando effetti tangibili sulla competizione con altri sistemi. E' la base per ogni istituzioni e ogni "Cultura come prassi" è unica a sé poiché sviluppata in contesti diversi.

3. **La Cultura come Folklore (Dimensione inerziale):** È un 'guscio' estetico o celebrativo che ha perso il suo valore cognitivo originario e la sua funzione necessaria. Il rischio per una civiltà emerge quando essa scambia il folklore per prassi o quando il suo significato condiviso non è più in grado di

generare una prassi efficace per la sopravvivenza nella propria nicchia ecologica.

Questa cura verso i piccoli è di riflesso necessaria anche per la donna, a differenza di altre specie dove la società cura solo i piccoli tralasciando le madri o dove non cura né l'uno né l'altro. Questa è la prima forma di società complessa alla cui base vi è l'obbligo di assistenza fra membri, pena l'estinzione.

Ma non una semplice assistenza, si tratta infatti di una assistenza proto-sanitaria di urgenza, la quale necessità una capacità coordinativa nel gruppo e una elementare capacità di astrazione.

La cura verso la donna e verso la prole non è un optional, senza cure speciali l'essere umano si estingue. L'uomo necessita obbligatoriamente di cooperazione, di attribuzione di compiti, di organizzazione e - grazie alla formazione evolutiva della laringe - del linguaggio. Non si tratta di comportamento facoltativi, ma necessari.

Da qui si ha intrinsecamente la prima separazione dei ruoli.

La separazione dei ruoli fra generi così come sviluppata dagli umani non sarebbe mai esistita se non vi fossero state queste peculiarità fisiologiche originarie legate alla procreazione.

Le società più prospere sono quelle dove a parità di condizioni ambientali, vi è una maggiore organizzazione.

Premettendo che "società organizzata" è ridondante in quanto una società in quanto tale presuppone l'organizzazione è anche vero la variabile organizzativa varia da collettività a collettività, sia in forme sia in misura. L'organizzazione permette di usufruire in modo più efficace delle risorse del territorio, dei beni prodotti dagli altri membri della stessa società e così via dicendo. Ecco l'alter ego della società: l'organizzazione. Organizzazione e società sono inscindibili.

Una società è tanto più funzionale (più funzionale non significa più felice, n.d.r.) quanto più è organizzata.
Alla diminuzione dell'organizzazione aumentano le faccende lasciate al caso e nelle faccende legate al caso solitamente vale la legge del più forte, dal caso si passa al caos. Maggiore è l'organizzazione è maggiore è il famoso compromesso associativo prima enunciato e quindi maggiori sono le possibilità che quella società continui a vivere, adattandosi al cambiamento e prosperando.

Ed ecco l'arcano: la società raggiunge i propri obiettivi se riesce ad imporsi un forte compromesso e quindi ad essere fortemente organizzata. Le società poco organizzate nel peggiore dei casi terminano la propria esistenza con fame e conflitti intestini e, nel migliore dei casi, poca organizzazione comporta ritardi burocratici e difficoltà a smaltire i rifiuti urbani.

Per capirci, cos'è l'organizzazione se non una separazione di ruoli e mansioni? Separando i ruoli si creano fisiologicamente delle diseguaglianze: alcuni possono fare alcune cose, altri no. La specializzazione è un lunghissimo processo evolutivo, che ripetiamo non è ascritto, determinato o inalterabile, però esiste e sul breve periodo crea un determinato set di diseguaglianze. Alcuni possono operare un malato altri no, alcuni possono guidare un aeroplano altri no, alcuni possono imporre sanzioni altri no.

Si ha una graduale specializzazione in mansioni separate, tutte diverse fra loro le quali, messe insieme, fanno funzionare l'organizzazione della società. Ognuna di queste mansioni richiede capacità differenti, e gli umani, seppur essendo simili diversi tra loro, sviluppano aspirazioni, capacità e conoscenza differenti.

Focus 3:

In questo contesto di specializzazione, dobbiamo comprendere che **l'efficacia della prassi legislativa dipende dal modo in cui il segnale della norma viene processato dalla popolazione** in base all'autorità riconosciuta. La legge, infatti, non è 'giustizia' in senso astratto, ma un'unità di informazione comportamentale volta a ridurre il costo della convivenza. Possiamo identificare tre modelli di ricezione con degli esempi:

1. **Modello Giapponese (Lealtà all'Istituzione):** Il potere è percepito come impersonale. Si obbedisce all'ufficio e all'onore. In questo sistema esiste un conduttore quasi perfetto: la cultura dell'onore permette all'informazione legislativa di fluire dal vertice alla base con poche resistenze; cambi la legge e cambi istantaneamente il comportamento sociale.

2. **Modello Latino (Lealtà alla persona avente Autorità):** La lealtà è mediata dall'interesse personale o della cerchia familiare ristretta. La lealtà del proprio comportamento è mediata da una persona autorevole e la legge astratta viene vista come un suggerimento o un ostacolo da aggirare; l'informazione legislativa viene costantemente filtrata dall'individuo e l'output

comportamentale cambia poco o nulla, rendendo il sistema tendenzialmente più 'rumoroso' e inefficiente.

3. **Modello Africano (Dimensione Clanica):** La lealtà è ancorata esclusivamente al clan o alla famiglia. Lo Stato è percepito come un'entità aliena e predatoria; il segnale legislativo si disperde prima di raggiungere la periferia sociale poiché mancano le strutture di ricezione universali necessarie per processarlo. Mentre l'istituzione locale resta forte, l'istituzione sovra-clanica rimane debole e rappresentativa solo di sé stessa.

Questa tripartizione spiega perché il ***nation-building*** o lo ***state-building*** falliscono sistematicamente quando si tenta di esportare una struttura (come la democrazia occidentale) in una nicchia dove la lealtà degli individui è ancorata a variabili strutturali diverse dal potere impersonale dello Stato.

La storia è piena di esempi, ma ciò che le accomuna tutte è la presenza di gerarchie e asimmetrie. Nell'immaginario collettivo ad esempio, i nativi americani vivevano in una società di eguali, liberi e senza gerarchia. Niente di più falso. Per quanto le logiche occidentali fossero assenti dalle civiltà pre-colombiane, in esse troviamo comunque una gerarchia sociale ben strutturata, una società molto complessa e ben stratificata con ricchi e poveri nonché un altissimo tasso di atrocità fra tribù contigue, lotta e sottomissione per le risorse (corsi d'acqua, rotte commerciali, diritti di caccia). Anche qui, la presenza endemica del conflitto.

Come già argomentato nelle pagine precedenti, l'adattamento istituzionale è spesso una 'non-esclusione'. In base alla exaptation infatti può avvenire che una gerarchia nata per un motivo (magari la forza fisica in guerra) può essere riutilizzata per un altro (il prestigio sacerdotale), ma la sua forma originaria resta dettata dal passato. Questo ci insegna che molte diseguaglianze che oggi definiamo 'funzionali' sono in realtà residui inerziali o tratti parassitari che sopravvivono solo perché la pressione competitiva non è ancora stata abbastanza forte da rimuoverli.

La scuola dell'elitismo, di Gaetano Mosca e Robert Michels, spiega proprio questo: come è possibile che in qualsiasi tipo di società si formino centri di potere e quindi forme di oligarchie?

Michels studia proprio il più vecchio (e ancora invita) partito comunista del mondo *Sozialdemocratische Partei Deutschlands* (SPD) e, inconsapevolmente, predice l'esito della rivoluzione bolscevica.

La SPD è nata nell'Ottocento a Leipzig in Germania come antitesi al potere dominante, come antitesi allo sfruttamento, come antitesi all'uomo che comanda su un altro uomo. Ovviamente si tratta di un partito che affonda le proprie radici nel comunismo, la dottrina che per eccellenza promuove, in teoria, l'uguaglianza assoluta e la fine di ogni oligarchia. Michels però osserva che pure in società orizzontali senza nessun "leader" come la SPD, si formano ugualmente nuclei di potere: per essere in grado di funzionare ognuno deve avere un compito ben definito e fra questi, alcuni devono dirigere e altri devono obbedire. *È il principio stesso dell'organizzazione che inficia la retorica egualitaria.*

Come per Beppe Grillo che, sostenendo l'idea d'una società senza leader e senza capi, si ritrovò per forza di cose a creare anch'egli una gerarchia di potere in seno al proprio movimento, diventando la negazione di sé stesso.

Ugual sorte avvenne fra Marx e Lenin; infatti, quando l'idea astratta di Marx si dovette confrontare 70 anni dopo con la cruda realtà vissuta dalla Russia di Lenin, quest'ultimo capì che non ci sarebbe mai potuta essere nessuna rivoluzione comunista spontanea, orizzontale e acefala: affinché la rivoluzione potesse avere luogo serviva una avanguardia comunista, cioè un nucleo di intellettuali che semplicemente faceva esattamente ciò che il comunismo era nato per abbattere, ovvero uomini che comandano altri uomini.

La rivoluzione sovietica è l'esempio massimo di una idea che quando deve adattarsi alla realtà cambia completamente forma, fino a diventare esattamente ciò che doveva abolire. Esempio semplicistico sorge quando ci poniamo un quesito banale, ovvero terminare una frase: quando si inizia un discorso dicendo "Gli oligarchi [...] hanno concordato che la fornitura di idrocarburi vedrà il prezzo ridursi" nella stragrande maggioranza dei casi sappiamo che la parola mancante sia "russi". Può sembrare da fuori un paradosso che la società più egalitaria per definizione che sarebbe dovuta esistere sia invece la patria indiscussa dell'oligarchia. Eppure questo è perfettamente coerente con quanto fin qui spiegato.

Il potere così come la responsabilità corrono di pari passo. Quando una persona è presa singolarmente la sua responsabilità è massima, poiché non ha nessuno con cui condividerla. Maggiore è il numero di persone nello stesso insieme e più viene dissipato il senso di responsabilità individuale. Ma se nessuno è responsabile, chi prende le scelte per la società?

<u>Maggiore è il numero di persone e più diventa indispensabile la figura di qualcuno, che sia una persona o una istituzione, che si assuma le responsabilità. Questa è una costante perché la responsabilità così come il potere sono un continuum che non conosce vuoti: qualcuno dovrà assumersi determinate responsabilità e questo fa sì che al crescere di una società cresca anche la necessità di un nucleo di potere forte ed altamente diseguale.</u>

Questo è il motivo per cui nessuna forma vivente che si sviluppa in società può conoscere altra forma organizzativa che non includa gerarchia e diseguaglianza: la gerarchia è la caratteristica fisiologica intrinseca nella stessa organizzazione, senza la quale la società semplicemente non esisterebbe. Non possono esistere società di eguali poiché eguali sono solo gli individui quando stanno da soli: il fatto che esiste una società impone una seppur minima forma di asimmetria. A tal riguardo, volendo aggiungere all'elitismo anche la sua degradazione esplicata magistralmente dalla Ponerologia politica di Andrzej Łobaczewski, possiamo aggiungere che la formazione di istituzioni profondamente oligarchiche in senso non fisiologico ma patologico (regimi comunisti e nazional-socialisti) può essere spiegata tecnicamente attraverso la tensione tra due spinte opposte della Teoria dei Giochi. Da un lato, l'istinto individuale spinge verso la **disgregazione** per massimizzare il proprio vantaggio (il cosiddetto **Equilibrio di Nash biologico**, che porta al *free-riding*); dall'altro, la selezione naturale di gruppo premia la **convergenza** verso l'**Ottimo**

Paretiano (la cooperazione che avvantaggia il sistema nel suo insieme). Quando la competizione politica tra fazioni diventa estrema, essa scivola nel **Modello di Bertrand** (competizione al ribasso). In questa 'guerra dei prezzi' del consenso, i partiti si logorano a vicenda promettendo l'impossibile. Quando i competitori finiscono 'fuori mercato' per inefficienza, l'attore rimanente diventa un **Price-Maker**: un leader che non deve più negoziare ma può dettare le regole. È la nascita della **democrazia plebiscitaria** o dell'uomo forte: la popolazione atomizzata, incapace di gestire la responsabilità individuale, si affida all'unica unità che garantisce stabilità in cambio di obbedienza. Questo genere di situazioni, sempre sulla scorta di Andrzej Łobaczewski, attirano determinate categorie di personalità psicologicamente disturbate: alcuni sistemi istituzionali attirano a sé la relativa mano d'opera.

Escludendo i casi ponerologici sopra descritti, la gerarchia nella sua accezione fisiologica non è dunque un mero e banale abuso del potente di turno, bensì insito nella misura organizzativa stessa. Ciò non significa che non ci siano gradazioni di oligarchia e che una società più orizzontale sia preferibile: il punto che è una società può essere più orizzontale, ma non orizzontale del tutto perché a quel punto verrebbe meno il vincolo sociale stesso.

Il potere è come un liquido: non conosce vuoti, ma conosce concentrazioni e addensamenti. Possiamo quindi immaginarlo sì come un liquido, ma avente una certa densità/viscosità.

Come Michels diceva: **la democrazia è organizzazione, l'organizzazione è oligarchia, la democrazia è oligarchia!**

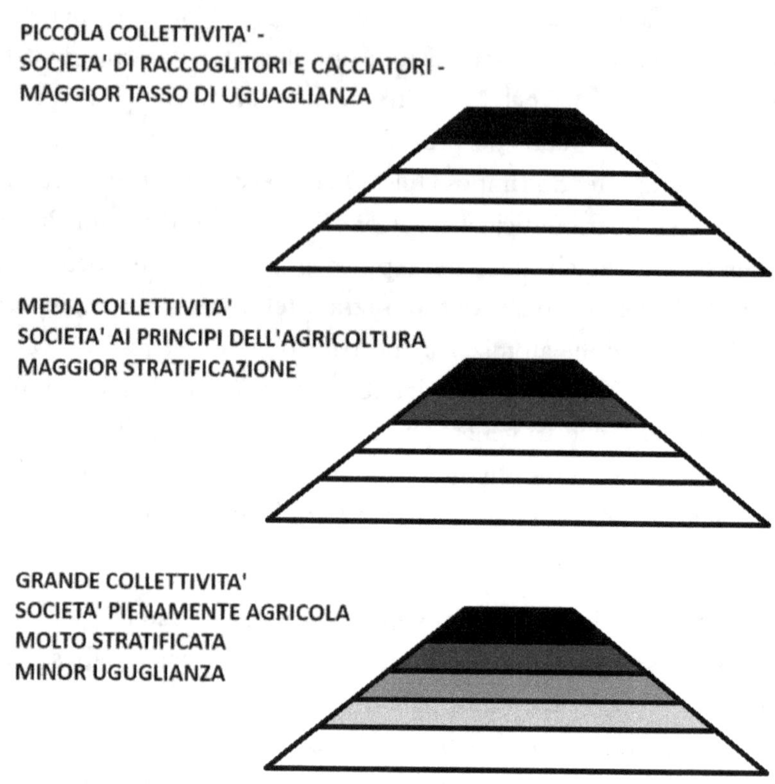

L'incremento della popolazione è dato dalla prevalenza dell'agricoltura come metodo di sostentamento, il che genera il surplus necessario per aumentare la natalità e per mantenere fette demografiche non produttive, che possono dedicarsi quindi all'arte, alla scrittura, alla scienza o alla guerra. L'aumento demografico viene ricollocato sotto la preesistente base sociale al vertice. Questo cosa comporta? Significa che le piccole società sono più uguali non perché benevole ma perché più piccole, quindi tutti comandano nella propria misura. Al crescere della popolazione, aumenta il numero di coloro che non comandano, facendo emergere in prospettiva quella che viene percepita come una casta di élite. La direttrice è quindi top-down.

4. LA CORSA AL DOMINIO: COME E PERCHE' SI COMPETE?

L'Italia è una minuscola frazione del pianeta terra. A nord è racchiusa da una massiccia catena montuosa, verso sud si estende come un sottile lembo di terra immerso in un mare caldo che separa tre continenti: l'Africa, l'Europa, l'Asia. L'Italia è un perno geopolitico per eccellenza, non per virtù propria, non per volontà politica dei suoi abitanti bensì per la propria collocazione su uno dei domini più importanti: il mare. Questa è una prima lezione: prima di pensare a cosa si vorrebbe essere bisogna prima considerare cosa si ha a disposizione, e comprendere intanto su quali dominio o ambiente siamo localizzati, può essere d'aiuto.

Il mare è una infinita distesa di acqua che ricopre quasi tutto il nostro pianeta. Ma tutta quest'acqua è un muro o un ponte? È un ostacolo o è una via? Per molte collettività il mare è solo un limite al territorio, cioè il punto dove finisce la terra coltivabile, là dove non si può più costruire abitazioni, strade o industrie; per molte altre collettività il mare una è fonte di aggressioni; mentre invece, per altre ancora, è il fondamento unico della propria prosperità.

Per queste collettività la società si è dotata di istituzioni tali per cui il mare non diventa più un immenso muro o un grande fronte scoperto a rischio aggressioni, bensì una via, una strada per dominare l'esterno. Queste vengono solitamente definite con un semplicismo come "talassocrazie". Non esistono Stati puramente talassocratici, ovviamente quello che conta è la prevalenza dei propri mezzi di sussistenza e se questi dipendano in misura prevalente o meno dal controllo che quella collettività esercita sul mare. Ovviamente, inutile specificarlo, qualsiasi talassocrazia ha pur sempre base e origine sulla terra ferma.

Nonostante l'acqua sia l'origine della vita la nostra specie sopravvive solo grazie alla presenza delle terre emerse, che costituiscono una netta minoranza rispetto all'acqua circostante. Noi abitiamo infatti una piccolissima porzione del nostro pianeta e questa piccola porzione di mondo terroso su cui abitiamo costituisce il primo limite e il primo dominio.

Questi i due cardini della geopolitica: limiti e domini. Analizziamo bene cosa siano i domini e perché questi ricoprono una enorme importanza nello studio geopolitico.

> Per procedere dobbiamo stabilire una prima definizione: la **geopolitica è lo studio degli aggregati umani, posti su domini limitati e del conseguente conflitto che ne deriva.** È proprio la finitezza dello spazio e la sua distribuzione non omogenea a co-generare la competizione.

Se la microeconomia studia il comportamento in relazione alle risorse scarse, la geopolitica ne è l'analogo sul piano spaziale: il comportamento degli aggregati in condizione di scarsità di risorse e di spazio. In questo contesto, il potere non è un'astrazione, ma la capacità di una collettività di far primeggiare la propria volontà politica sopra i limiti materiali (l'economia) e i limiti morali (le norme).

La competizione istituzionale ha infine decretato la vittoria del **modello statuale** come ordinamento politico egemone. Lo Stato, a parità di altre condizioni, è risultato competitivamente superiore rispetto ad altre forme di accentramento del potere, diffondendosi in tutto il globo; tuttavia, questa diffusione è spesso solo formale e non sostanziale: per far parte del club internazionale devi giocoforza essere uno Stato: qui l'incentivo a spacciarsi o aderire a forme che possono essere poco rappresentative. Dobbiamo infatti distinguere tra **istituzioni formali** e **istituzioni sostanziali**: molti Stati moderni sono 'stati di facciata', retti da logiche politiche interne extrastatuali (claniche o clientelari) che impediscono alla funzione pubblica di permeare realmente il tessuto sociale. La forza di una potenza non dipende dal nome delle sue istituzioni, ma dal loro grado di funzionalità reale e di permeazione nella prassi quotidiana della popolazione.

Cominciamo col chiarire che un dominio è uno spazio, un ambiente, ma abbiamo accennato anche alla "geopolitica" impropriamente usata come sinonimo di politica estera o relazioni internazionali. La geopolitica studia gli spazi politici! Cerchiamo di dare una definizione più comprensibile per capire perché i domini rivestano una posizione di vitale importanza.

Ed è proprio il fatto che il dominio sia limitato a porre la prima condizione per la conflittualità. La geopolitica studia il conflitto degli esseri umani posti su un dominio.

Per capirci, di domini ne esistono molti, alcuni sono spazi materiali, altri invece sono derivati di spazi materiali, detti discorsivi alcuni (come il simbolismo, il linguaggio o la narrazione) e informatici/cibernetici altri.

Facciamo degli esempi. Un dominio può essere lo spazio cibernetico, che è ovviamente un derivato di quello materiale in quanto lo spazio cibernetico per quanto possa sembrare infinito può funzionare solo grazie a delle infrastrutture strategiche che hanno luogo in un altro dominio (quello terreno), ecco perché si può definire come uno spazio derivato. Il dominio cibernetico necessita di infrastrutture materiali per esistere e queste infrastrutture materiali hanno luogo in un altro spazio, in un altro dominio, ovvero terreno, detto in geografichese come "tellurico".

Il mare è definibile in geopolitica come il secondo dominio, in quanto è il secondo dominio che il genere umano è riuscito ad antropizzare, ma non tutte le collettività umane padroneggiano il mare. Questo fenomeno ci ricondurrà a quella che viene definita la "territorializzazione del mare".

Esiste infatti una gerarchia dei domini, dai più basilari ai più sofisticati. Il terreno, cioè il dominio tellurico, è ovviamente il primo dominio dove ha avuto luogo la geopolitica. Tutti gli uomini si sono sviluppati sulla terra ferma ed è il luogo dove sono nate tutte le società umane. È il dominio imprescindibile, è il nostro ambiente naturale. Successivamente l'uomo riuscì nei millenni a scoprire delle tecniche per prolungare la propria esistenza su altri domini scoprendo come galleggiare sull'acqua. È il primo essere vivente ad essere riuscito, grazie al proprio ingegno, a raggiungere un dominio diverso da quello naturale e controllarlo. Questa fu la prima forma di colonizzazione umana, un traguardo di inestimabile valore.

Alcuni animali nascono capaci di padroneggiare più domini già alla nascita, come gli uccelli che nascono sulla terra ma per natura padroneggiano anche il dominio dell'aria, o alcuni animali anfibi, che vivono in acqua quanto sulla terra ferma. L'uomo no. L'essere umano è nato per un solo dominio, ma è riuscito nel tempo a padroneggiare via via sempre più domini naturali e ad inventarsene di nuovi.

Ed è proprio in questo excursus, da un dominio iniziale verso più domini, che troviamo la nostra gerarchia dei domini: la collettività che riesce a padroneggiare e dominare spazi sempre meno naturali alla sua condizione di nascita - a parità di efficacia nell'espressione della potenza e a parità di altre condizioni - avrà un enorme vantaggio sulle altre collettività.

Prima la terra, poi il mare, successivamente l'aria, dopo ancora il dominio extraterrestre ovvero tutta l'infrastruttura satellitare che orbita intorno al pianeta, fino ad oggi lo spazio cibernetico. Ma anche la cultura e la narrazione sono dei domini. Ovviamente immateriali.

Esiste una gerarchia dei domini che segue l'ordine di antropizzazione della specie: dal **tellurico** (terra) al **marittimo**, fino all'**aereo**, al **satellitare** e al **cibernetico**. Tuttavia, il passaggio da un dominio all'altro non è automatico. Esso richiede il cosiddetto **Fattore Attivatore**, ovvero l'**Ereditarietà Immateriale (*er.im*)**. Mentre da un lato l'ereditarietà materiale (*er.m*) consiste negli stock di risorse e infrastrutture, l'*er.im* è l'insieme di know-how, modelli organizzativi e cultura tecnica che rende 'attivi' quei mezzi: un attore può possedere un arsenale o delle risorse immense (*er.m*), ma senza la competenza per gestirlo in un dominio complesso (*er.im*), quello stock resta inerte. La vera corsa al dominio oggi è il monopolio dell'eredità immateriale che permette di controllare il codice prima della materia.

Prendiamo la civiltà romana come esempio di società che riesce ad ergersi ad egemone grazie alla padronanza di diversi domini, fra cui quello immateriale, definibile anche come infrastruttura culturale, o se vogliamo dirlo in termini moderni, "soft power". L'alfabeto latino è il più utilizzato al mondo tutt'oggi, soprattutto da collettività non-latine. Anche questa è una forma di colonizzazione: cioè l'estensione di un Sistema A ai Sistemi B, i quali assorbono e traggono vantaggio dall'utilizzo di questo soft power.

La lingua latina ha influenzato molte altre lingue e tutt'oggi il linguaggio tecnico e scientifico è prettamente latino.

I romani hanno lasciato anche una fortissima influenza culturale tramite la diffusione del cattolicesimo. Questo fa una egemonia: crea delle infrastrutture di potere anche su domini non materiali. Noi tutti oggi viviamo in un contesto internazionale che ancora porta avanti parte dell'eredità imperiale della cultura romana, dentro l'Europa e fuori l'Europa. "Imperiale" non come cesura storica nelle varie fasi storiche della antica Roma, "imperiale" come struttura di governo, quindi propria in parte anche della fase repubblicana.

La corsa allo spazio fra americani e sovietici non era una questione ideologica né tantomeno una velleità, si trattava semplicemente di impedire all'avversario di accaparrarsi la supremazia su un nuovo dominio. Come abbiamo visto, una volta impedito ai sovietici di ottenere supremazia nella corsa allo spazio, anche gli americani ridussero le proprie missioni spaziali. L'obiettivo non era vincere, ma impedire all'avversario di guadagnare "terreno". A tal riguardo, consiglio di tornare indietro di qualche pagina per affiancare a questo ragionamento la logica della Caccia al Cervo, in quanto la logica sottostante risulta analoga.

Questo si verifica poiché ogni egemonia o superpotenza che dir si voglia, cerca di aggiudicarsi una supremazia assoluta su uno o più domini specifici: <u>per una potenza globale conquistare l'egemonia su un dominio è l'equivalente per uno Stato-Nazione di esercitare sovranità e monopolio della forza dentro i confini nazionali.</u>

I romani hanno padroneggiato il dominio terrestre con le famose infrastrutture stradali e con la fanteria. Ma era solo un dominio ed erano ancora vulnerabili alle aggressioni dal mare. Successivamente dopo le guerre puniche riuscirono ad imporsi sul dominio marittimo rendendo il Mediterraneo un "mare nostrum" creando delle rotte commerciali difese da una imponente marina militare e infine, come ultimo, hanno creato e padroneggiato un dominio culturale che tutt'oggi è fra i più importanti e resilienti al mondo.

La corsa alla supremazia fra collettività si focalizza proprio sulla corsa alla sovranità sui domini. È la supremazia su un dominio a rendere uno Stato egemone, non il contrario.

Un attore, come lo Stato, non diventa egemone senza la supremazia su un dominio.

Ma qualora vi sia già un egemone su dato dominio, allora gli avversari incapaci di raggiungere l'egemone su quel dominio tenteranno di crearne di nuovi e insediarsi in quelli monopolizzandoli. Funziona esattamente come in economia, quando due aziende competono per la supremazia su un mercato, chi non riesce a spodestare l'azienda più forte tenterà, onde evitare l'espulsione dal mercato, di inventare un nuovo settore per differenziarsi. Possiamo vedere questo fenomeno nella telefonia ad esempio. Essendo Apple incapace di competere con Nokia sulla telefonia classica, apre un nuovo settore di mercato, cioè gli smartphone, sbaragliando il precedente colosso Nokia. In economia si cerca costantemente di creare mercati che creino meccanismo di monopolio temporaneo al fine di superare i vecchi padroni del mercato, così facendo innescano una corsa all'innovazione nonché un continuo innalzamento dell'asticella. Funziona in modo meno vivace e meno pacifico anche per le collettività umane che si esprimono come potenze.

> **Potenza**. La potenza è una condizione propria di cui una collettività si dota quando riesce a far primeggiare la propria **volontà politica** sopra i **limiti materiali** (l'economia, variabile esogena) e i **limiti morali** (il diritto, variabile endogena). Una collettività che preferisce vivere di economia o di giustizia sarà limitata e difficilmente potrà esprimere un livello di potenza tale da imporsi sullo spazio esterno.

Quello che in economia sono i settori di mercato, per gli Stati sono i domini. Questo si può vedere ad esempio nella competizione fra Stati Uniti d'America e gli Stati aspiranti egemoni, come Russia e Cina. Non potendo competere con gli americani né sul dominio terrestre, né su quello marittimo, né su quello aereo (dove gli USA sono assolutamente più forti con ampissimo margine), Russia e Cina competono su fronti successivi, ulteriori, e per molti versi gerarchicamente più importanti. Non è un caso, né una dote geneticamente innata che russi e cinesi siano stati in grado di hackerare i data-base americani: non potendo spodestare gli americani dall'egemonia sul dominio marittimo e aereo stanno semplicemente cercando di scavalcarli aggiudicandosi altri domini.

Washington cerca in tutti i modi di boicottarli avvalendosi della supremazia nei primi tre domini. Questo è il caso di Huawei di alcuni anni fa. Avendo capito che i cinesi stavano sviluppando una solida infrastruttura informatica, o cibernetica che dir si voglia, hanno immediatamente bloccato l'iniziativa limitando e penalizzando la rete Huawei escludendola, ad esempio, dai sistemi 5G. Non è un fatto dovuto all'avarizia bensì una mossa obbligata per gli americani, a patto che vogliano mantenere salda la propria posizione egemonica, posizione a cui è impossibile rinunciare.

> Modellisticamente, questa competizione segue le logiche della teoria dei giochi e quando un attore muove per primo su un nuovo dominio, assume il ruolo di **Leader di Stackelberg** in cui il leader non si limita a competere: egli fissa gli standard e le regole del gioco, costringendo gli altri a diventare **Follower** che devono adattarsi a un'architettura già definita. È quello che potremmo definire 'l'effetto GTA VI': chi è leader di mercato o di dominio manovra le scelte degli avversari in anticipo, poiché questi ultimi sono obbligati a strutturare le proprie contromisure su un terreno già recintato dal primo occupante.

La corsa all'egemonia è analogamente una corsa al dominio, questa frase è sì un gioco di parole ma è in realtà una brevissima sintesi di ciò che le società umane, tutte, cercano di fare. Uno Stato non diventa grande per sola volontà, ma per la capacità che esso ha di creare una infrastruttura forte dove primeggia; "infrastrutture" non intese come semplici strade, ma intese come le venature di un dominio.

Se le strade sono le venature del dominio terreno, allora le rotte commerciali sono le venature del dominio marittimo, le portaerei sono le venature del dominio aereo, i satelliti sono le venature del dominio spaziale, il linguaggio è la venatura del dominio immateriale.

> L'etimologia della parola "egemonia" ha radici nel greco antico. Deriva dal termine "hegemonía" (ἡγεμονία), composto da "hēgemōn" (ἡγεμών), che significa "capo" o "conduttore", e il suffisso "-ia", indicante "qualità" o "condizione di".

> Pertanto, l'egemonia può essere compresa come la condizione di leadership, guida o dominio di un individuo, un gruppo o uno stato su altri, spesso in ambito politico, economico o culturale.

Ogni egemonia ha una doppia faccia: per restare in vita necessita una supremazia tale che si ha solo con la commistione di supremazia commerciale e difesa militare. Gli olandesi e i veneziani ad esempio padroneggiavano le rotte commerciali marittime, ma l'assenza di una forte marina ha reso la loro egemonia un'egemonia solo parziale per via di uno scarso apparato militare: la loro supremazia commerciale fu solo una parabola. Una egemonia compiuta sa creare le infrastrutture di un dominio, le sa popolare economicamente e le sa difendere militarmente.

E l'Italia? L'Italia ha un tesoro geografico che è l'essere una penisola, il che la rende perfetta per l'estroversione. L'estroversione è una caratteristica geopolitica e antropologica delle collettività: la loro conformazione geografica è un indicatore fondamentale per capire che tipo di predisposizione politica quella collettività potrebbe attuare, se introversa o estroversa.

> **Estroversione:** la tendenza di un attore geopolitico ad agire fuori dai propri confini e/o percepire il proprio spazio come non vincolato dai propri confini statali. Questa peculiare dicotomia, estroversione – introversione geopolitica, non va confusa con la dicotomia esogamia – endogamia, cioè la tendenza di una collettività a contrarre matrimonio misto o meno. Entrambe le dicotomie hanno come oggetto di riferimento il rapporto che la data collettività ha con l'esterno e possono talvolta essere sovrapponibili. Sappiamo che, a parità di altre condizioni, le collettività di montagna ad esempio hanno tendenza sia endogama (cioè il rifiuto di matrimonio con individui esterni alla collettività) sia tendenza all'introversione geopolitica. Viceversa le collettività di mare, tendenzialmente sia più esogame quanto estroverse. Tuttavia sono necessari futuri approfondimenti per coglierne i reali nessi causali.

Il mare è il dominio che rende possibile, non che determina, l'estroversione di una collettività permettendole di allacciare rapporti commerciali e diplomatici con tutti gli Stati le cui rotte commerciali toccano i propri mari. Per il dominio marittimo infatti, ed ecco la peculiarità, non è necessario confinare con qualcuno per averci a che fare, ma è necessario che quel qualcuno abbia una rotta commerciale che passa dai nostri porti o dalle nostre acque. L'Italia quindi, essendo al centro del Mediterraneo confina con la Cina, confina con l'Egitto, confina con la Turchia o con l'America. Ecco il potere del mare: unire.

E militarmente? L'Italia ha oggi una marina dignitosa, la più piccola fra gli Stati forti e la più forte fra gli Stati piccoli, unica piccola-media potenza al mondo ad avere due portaerei. Ma il rapporto che l'Italia ha col mare è conflittuale. _Dopo i romani il Mediterraneo ha cessato di essere il Mare Nostrum ed è diventato il mare altrui._ La perdita di importanza strategica dell'Italia come soggetto geopolitico è racchiudibile quasi esclusivamente in questo, non al grande debito pubblico, non alla corruzione, fattori questi presenti anche nelle epoche di grande potenza. Nella cattiva gestione del mare risiede l'impotenza italiana di contare di più sugli scambi internazionali, quindi sull'approvvigionamento di risorse di cui l'Italia è poverissima.

L'altra faccia della medaglia del dominio marittimo è proprio questa: il mare offre la possibilità di rendere una collettività prospera ed estroversa, ma al contempo condanna quella collettività all'estroversione: se una collettività di mare rifiuta di estendere la propria influenza sulle acque, allora quelle acque diventano minacciose e fungeranno da cavallo di Troia, facendo entrare dentro di sé le influenze estere.

L'Italia ha quindi l'obbligo, la necessità, di pensare al mare come priorità geopolitica, non più come sola fonte di turismo, ma come modo per stare la mondo, un modo per fungere da ponte fra i popoli dei tre continenti in cui l'Italia intercede.

Considerazioni generali pratiche sulle implicazioni della competizione:

Infine, l'analisi della potenza è oggi inquinata da quella che possiamo definire la **Sindrome di Atlante**: un narcisismo del senso di colpa occidentale per cui ci sentiamo gli unici responsabili di ogni male globale. Questo atteggiamento, apparentemente nobile, è in realtà una forma di **razzismo della carità**: de-umanizziamo l'altro (come le popolazioni africane) degradandole a comparse passive prive di **agency**. Riconoscere all'altro il 'diritto alla responsabilità' — e quindi anche al fallimento o all'atrocità — è l'unico modo per uscire da una visione del mondo infantile e tornare alla geopolitica reale, dove ogni aggregato umano è un attore complesso soggetto alle stesse identiche pressioni.

L'illusione della volontà: Idealismo e Feedback

La caduta delle grandi potenze è spesso accelerata dall'**idealismo**, qui inteso come unidirezionalità o cecità davanti al feedback; **quindi l'anteposizione di come dovrebbe rispetto a come il reale realmente è**. L'idealista agisce in base alle proprie intenzioni, ignorando che ogni azione nel sistema internazionale scatena una reazione della nicchia. Ignorare i costi, i parassitismi o le contromisure degli avversari non cancella le conseguenze; le rende solo più violente quando si manifestano. La vera strategia non è realizzare un desiderio, ma gestire la sedimentazione di ciò che resta dopo che l'intenzione si è scontrata con la realtà del dominio.

Appendice VII: le radici della potenza

Per comprendere in termini semplici la creazione di una potenza partiamo dalla triangolazione di proprietà, cioè gli elementi propri, di ogni collettività:
1) **la volontà** (cioè la politica),
2) **la morale** (cioè le legge),
3) **i bisogni materiali** (cioè l'economia delle risorse).
Una collettività primitiva nello stato embrionale ha un unico obiettivo: sopravvivere e passare la notte. Per tale ragione non può fare strumento di grandi artifizi né ha il tempo di pensare a cosa sia la giustizia universale o fantasticare sul cosmo. La propria vita è dettata esclusivamente da variabili esogene, cioè esterne, che non dipendono quindi da cosa effettivamente quella collettività vorrebbe né da elementi che quella collettività può plasmare. Non ha la capacità di superare i limiti imposti dalla natura (Haushofer parlava di queste collettività col termine di "Naturvolk", gente della natura).

In quest'ottica, la storia non va letta come un merito morale, ma come una reazione chimica nello spazio: se il Tempo è la fiamma, la Geografia è il combustibile. L'evoluzione sociale accelera solo dove il terreno offre risorse ad alta resa (climi temperati e specie addomesticabili); altrove, dove il "combustibile" manca, l'intelligenza del Sapiens — pur essendo una costante biologica — rischia di rimanere latente sotto il peso della sussistenza, quindi dell'essere soggiogata ai vincoli naturali. Laddove invece questo combustibile è presente il processo atto a governare le variabili economiche si chiama "sviluppo tecnologico" la capacità di costruire rifugi, di ricavare lame dalla pietra, di domare il fuoco o di domare altri animali:

durante il processo di ottimizzazione di queste tecniche si sviluppano le risorse discorsive, come le mitologie, le religioni, il linguaggio complesso, la coesione sociale. Di pari passo si sviluppa anche un'etica, una morale e un corpus primitivo di leggi. La religione ha un effetto giuridico sulla popolazione, dando risposte esistenziali e limiti comportamentali.

Nota:

Questo discorso presenta una tesi che ad una lettura poco attenta potrebbe ricordare il determinismo o ancora peggio il darwinismo sociale, entrambe rifiutate in questa sede.

Il darwinismo sociale propone infatti 3 dimensione del tutto aliene a questo modello qui proposto, tra cui:

Linearità: l'evoluzione come linea retta da condizioni peggiori a migliori, senza scarti né cadute.

Intenzionalità: la direzionalità come frutto di un progetto esplicito e razionale.

Forza: invito all'azione e alla sottomissione dei più deboli.

Nessuna di queste ipotesi e implicazioni alla base del darwinismo sociale trova fondamento scientifico né tantomeno trova consenso in questo scritto.

In contrapposizione a quanto il darwinismo sociale implichi, si propongono altrettante implicazioni al fine di eliminare ogni indugio su quanto fin qui esposto:

Non-linearità: l'evoluzione presenta scarti, non è perfetta. Dipende da fattori ambientali, non ha una direzione predeterminata.

Non-intenzionalità: le traiettorie storiche, a posteriori, sono tendenzialmente prevedibili e ancorate a principi evolutivi non determinati dalla volontà umana.

Plasticità: non sopravvive il più forte, che sia una cultura, una legge o una etnia. Sopravvive chi sa trovarsi un posto al mondo adattandosi alle contingenze.

È all'interno di questo quadro di adattività che i precetti religiosi assumono la loro funzione sistemica: essi suggeriscono cosa si debba fare, indicano quali comportamenti siano leciti e quali comportamenti siano illeciti. Ma chi decide cosa sia etico e cosa sia morale? Di pari passo quindi si sviluppa anche il senso politico, ovvero la consapevolezza in capo all'individuo di essere capaci di dire cosa sia giusto e cosa sia sbagliato.

Da qui la competizione politica interna ad una collettività. Questo è lo status di collettività primitiva isolata che è giunta ad un livello primordiale di superamento dello status naturale, riesce cioè, seppur in modo primitivo, a vivere nella natura modificandola e dotandosi di artifizi tecnici atti ad influenzare la natura (elemento proto-economico) e mentali atti a controllare la popolazione della stessa collettività (elemento proto-giuridico). Questi tre elementi non sorgono in modo distinto in fasi mutuamente escludenti: la loro genesi vede tante fasi di sovrapposizione, ma la prevalenza dei tre elementi e la loro significatività è scandita in fasi precise in cui si ha in primis l'elemento economico assolutamente imprescindibile pena l'immediata estinzione e successivamente l'aspetto giuridico e politico fra cui è complicato distinguere con esattezza la sequenza di sovrapposizione. Questa stratificazione sociale triangolare, come detto prima, determina il nascere di una collettività primitiva. **In termini Hegeliani, questa è la "thesis".**

Ma quando la collettività primitiva scopre di non essere sola al mondo, cosa succede? Perché quest'altra collettività si veste in modo differente? Perché parla una lingua differente? Quali divinità l'hanno generata e quali divinità venera? Di quali elementi materiali e discorsivi si è dotata e quali strategie riesce ad applicare?

In questa fase evolutiva abbiamo quindi una collettività a sé stante che scopre l'esistenza di qualcosa di diverso, di una collettività allogena.
È interessante notare come molti nomi propri di alcune culture, significhino in realtà "essere umano". Questo poiché una collettività primitiva non conosce differenza fra il sé collettivo e l'essere umano. Loro **sono** l'essere umano. Motivo per cui la collettività allogena è implicitamente non umana. Questa è sostanzialmente la radice antropologica della xenofobia e del razzismo, elementi insiti nella stessa evoluzione delle società umane.
In termini Hegeliani questa è la fase dell'*Anti-thesis*.

La fase di confronto con una collettività differente dalla propria può in secondo luogo innescare molte reazioni, tra cui la violenza o la collaborazione o addirittura l'unione, tuttavia queste non possono

mai verificarsi prima del formarsi di un altro elemento fondamentale:
la consapevolezza di sé in quanto diversi dall'altro.

Questa è la forma embrionale di identità collettiva che rispecchia la costruzione identitaria su scala non-aggregata dell'individuo. **In termini Hegeliani questa è la fase della synthesis**, cioè l'insieme dei tre elementi evolutivi di una collettività:
1) Tesi (costruzione interna di una collettività in base ai tre elementi quali economia, diritto e politica su un presupposto universalistico e quindi chiuso);
2) Anti-tesi (distruzione dell'universalismo e apertura avendo osservato l'esistenza di collettività analoghe ma allogene);
3) Sintesi (autoconsapevolezza di sé come collettività distinta dalle altre dotata di una propria identità collettiva).

Una collettività che ha raggiunto la sintesi può quindi relazionarsi sul mondo e col mondo. Entra in gioco la potenza, che altro non è che una volontà politica così forte da percepire come propri gli spazi ulteriori a quelli propri.
La potenza di una collettività non può aver luogo in collettività che abitano lo *stadio di thesis*, bensì solo lo *stadio di synthesis*, in quanto la potenza può esistere solo in relazione agli allogeni.

Se questa collettività diventerà una potenza, dipenderà da quanto sia disposta a sacrificare due dei tre elementi propri dello stadio della thesis, che rimangono tali anche nella synthesis. Quant'è disposta una collettività a sacrificare il proprio tenore economico per esercitare potenza? Quant'è disposta una collettività a sacrificare il proprio tessuto giuridico ed etico, o alterarlo, (strumentalizzazione del diritto ai fini egemonici, n.d.r.) in favore di una maggior potenza?

<u>**La potenza – connotazione prettamente antropologica - è la politica traslata su attori allogeni e si ha solo quando la dimensione politica, cioè della volontà riesca a superare in qualche maniera la dimensione economico-materiale e la dimensione etica, cioè giuridico-immateriale.**</u>

La maggior parte delle collettività oggi non esprimono potenza, in quanto prediligono che il proprio egemone lo faccia, potendosi quindi dedicare a benessere economico e diritti giuridici.

Una nota importante va fatta: l'elemento dell'anti-tesi, cioè la scoperta dell'esistenza del diverso, è fondamentale per l'esistenza della stessa collettività, in quanto funge da collante sociale. Una collettività priva di questo senso, è condannata allo sfaldamento e all'implosione in quanto priva di una identità propria che la inabilità alla convivenza con le altre collettività, in quanto non riconosce sé stessa come tale. La creazione dell'identità e il mantenimento dell'identità (demandato nelle società all'educazione e alla **pedagogia nazionale**) è il prerequisito al fine, fra le altre, di assimilare con successo gli allogeni (cioè, in termini moderni, la gestione dell'immigrazione).

Il fenomeno della creazione di una identità collettiva, di cogente importanza, è osservabile in egual misura anche nello sviluppo psicologico degli individui i quali acquisiscono capacità di stare al mondo solo maturando una identità sentendo cioè una differenza fra sé e l'altro.

> **Pedagogia nazionale.** Termine che in geopolitica si usa per descrivere ciò che il sociologo **Talcott Parsons descriveva nel modello A.G.I.L. come "mantenimento".** Esso è volto a creare un legame fra persone membri di una stessa collettività che supera

lo spazio e supera il tempo ed è composto principalmente dall'educazione, dal sistema scolastico e dal sistema giuridico e religioso. Supera il tempo poiché supera la mortalità dei singoli individui e supera lo spazio poiché conforma individui distanti che mai si sono conosciuti sotto una stessa costruzione culturale, comportamentale ed istituzionale. La pedagogia nazionale è quindi un collante necessario al mantenimento centripeto della società.

Lo stadio di sintesi, a differenza dello stadio di tesi, non è autosufficiente: nel senso che va costantemente alimentato. I modi per mantenere le proprietà tali dello stadio di sintesi sono come abbiamo detto la pedagogia nazionale, da cui si dirama il sistema d'istruzione, il controllo dei media, la cultura genitoriale, il simbolismo e pure le festività. Se questi modi assurgono al livello di istituzione, senza tramutarsi in ritualità, acquisiscono una forza molto maggiore. Tutti questi elementi sono propri di qualsiasi collettività, dalle tribù di nativi americani, alle pacifiche comunità tibetane fino alle moderne collettività occidentali. La loro importanza è tale al punto che quando un attore inizia a percepirsi come egemone, le prime *policies* adottate saranno quelle rafforzative sulla pedagogia nazionale. Questo perché senza coesione interna è impossibile proiettarsi all'esterno, ergo impossibile essere un soggetto geopolitico ma solo un oggetto geopolitico.
Uno studio complementare a riguardo di cui si consiglia l'approfondimento è dato da **Robert Putnam con lo studio sul capitale sociale**, detto *Civicness*.

Considerazioni.
Le società europee oggi, particolarmente economicistiche e dedite al benessere e ai diritti, mostrano quasi un recesso a uno stadio inferiore,

dovuto ad una permeante **bolla sociale** chiamata "eurocentrismo": siamo così abituati a stare bene che ci risulta inconcepibile credere che al di fuori dei nostri confini possano esistere collettività diverse con morali diverse e con leggi e modelli istituzionali differenti.

Essendo che i nostri governanti sono lo specchio della nostra collettività, ed essendo che noi siamo convinti di essere antropologicamente uguali a tutte le altre collettività, vien da sé una conclusione distorta sul mondo.

Pertanto l'errata conclusione: se le collettività esterne non vivono come noi è perché ciò gli viene impedito da qualche dittatore.

Quest'effetto collaterale del benessere potrebbe, nello specifico nelle società europee, avere effetti dirompenti sul futuro della nostra collettività, in quanto rendendoci incapaci di percepirci come differenti dai non-europei, ci rende difficile lo stare al mondo insieme alle altre collettività. Con effetti potenzialmente devastanti per noi quanto per gli allogeni.

Effetti latenti della potenza. La capacità di proiezione di potenza rende possibili azioni militari concrete verso l'esterno, le quali sono sì frutto di una coesione interna, ma possono a loro volta essere utili per aumentare questa coesione creando un reale o fittizio nemico esterno: un pericolo e una emergenza in cui tutta la nazione possa stringersi per accettare misure di vita più stringenti.
Ciò rafforza l'aspirante Potenza nel superamento del diritto e dell'economicismo.

Appendice VIII: Diritto internazionale, strategia, sovranità.

Le strategie si basano su regole, che possono essere sia di natura umana sia fisico-naturale. Queste regole derivano dalla prassi e dalla teoria. Quanto maggiore è il livello di istituzionalizzazione del contesto in cui si sviluppa una strategia, tanto più rilevanti saranno le regole di matrice teorica rispetto a quelle pratiche. Al contrario, in un contesto con un basso livello di istituzionalizzazione, la prassi acquisisce un ruolo predominante nella definizione delle regole operative.

A livello internazionale, ciò spiega perché la fonte normativa di rango superiore sia quella consuetudinaria, ossia la prassi consolidata. Questo principio si fonda sull'assenza di un'autorità centralizzata che possa codificare regole universali in maniera coercitiva, rendendo così la prassi una componente essenziale per stabilire le norme di comportamento tra gli attori internazionali.

Le leggi, sia nazionali che internazionali, sono sempre espressione della sovranità. La sovranità si manifesta nella capacità di determinare e far rispettare norme all'interno di un determinato spazio. In questo senso, la relazione tra la legge e i confini territoriali di uno Stato è strettamente intrecciata: i confini definiscono il raggio d'azione della legge, mentre la legge stessa si propone di uniformare comportamenti all'interno di quei confini. L'obiettivo fondamentale di qualsiasi sistema legale è quello di regolamentare comportamenti sociali e renderli omogenei.

La legge, per sua natura, rappresenta quindi un'imposizione: sia che si parli di una tribù nativa americana, di un villaggio hippie, di un regime totalitario o di una democrazia, essa si basa sull'autorità sovrana che la legittima. Perché vi sia legge, deve esistere una sovranità con confini definiti che ne delimitino l'ambito di applicazione e ne garantiscano l'efficacia.

Tuttavia, vi è una differenza sostanziale tra il livello nazionale e quello internazionale. A livello nazionale, le norme sono il prodotto di processi istituzionalizzati, caratterizzati da una gerarchia normativa chiara e da meccanismi per la loro promulgazione e applicazione. A livello internazionale, invece, non esiste un'istituzionalizzazione legislativa equivalente. Di conseguenza, le norme internazionali derivano direttamente da equilibri di potere, ordini militari e principi egemonici.

Affermare che qualcosa è "legale" a livello internazionale equivale a riconoscere che quella norma o pratica è imposta dall'equilibrio egemonico del momento o dal bilanciamento di potere tra le principali potenze. In altre parole, la "legalità" internazionale non è altro che l'espressione della forza e dell'autorità predominanti in un dato contesto storico-politico.

Diritto internazionale, interessi e struttura del sistema

Il funzionamento del diritto internazionale va inquadrato in un frame ripartito in quattro livelli concettuali:

- sovranità,
- interessi,
- norme
- enforcement.

La **sovranità** rappresenta la capacità decisionale fondamentale dello Stato, ossia il potere di determinare autonomamente le proprie scelte politiche all'interno di un determinato spazio territoriale: la sovranità popolare va traslato dal diritto pubblico al diritto privato in quanto per isomorfismo è un diritto di proprietà, quindi di disporre come meglio si crede di un determinato bene, tale bene deve essere definito. La definizione del bene giuridico oggetto della democrazia è rappresentato dai confini statali. Molto in sintesi: senza confini non c'è democrazia. Posto ciò come presupposto ineludibile, gli interessi costituiscono invece le finalità strategiche che orientano tali decisioni e che spingono gli attori a cooperare o entrare in conflitto: quando gli interessi raggiungono un buon equilibrio di potere possono essere convertiti in diritti. Le **norme** giuridiche hanno invece una connotazione particolare: pur avendo ormai un significato consolidato le norme, etimologicamente, derivano invece per tradizione: nell'etimo del termine non sono un frutto esplicito di un contrasto tra interessi e non sono "diritti partigiani": la radice stessa – "nomos" – deriva dalla connotazione "modo di fare, usanza, consuetudine". Le norme sono emanazione diretta di tradizioni e modi sedimentati di fare, mentre i diritti hanno una matrice che è emanazione diretta di **istanze ed interessi politici** che riescono a cristallizzarsi come beni giuridici in bilanciamento, o in contrapposizione ad altri, questo vale sia per quanto avviene dentro gli Stati come anche tra Stati; ergo a livello nazionale come internazionale.

In formula:

Democrazia → esercizio della sovranità
Sovranità → bene giuridico
Bene giuridico → territorio delimitato

Interessi → finalità strategiche
Diritti → interessi stabilizzati
Norme → tradizioni stabilizzate

Tuttavia, l'efficacia della legge, inteso come corpus di imperativi sociali che ne disciplinano la vita, dipende dalla possibilità di farla rispettare. A differenza degli ordinamenti interni, il sistema internazionale non dispone di un'autorità centrale dotata di potere coercitivo. I problemi dell'applicazione (selezione dei figli di un dio minore) e dell'**enforcement** (applicazione delle sanzioni ai figli del dio minore) rimane quindi strutturalmente aperto: sono gli stessi Stati a interpretare, applicare e talvolta imporre le norme del diritto internazionale ed è in questo senso che il diritto internazionale si configura come un ordinamento parzialmente istituzionalizzato, nel quale la normatività non elimina la dimensione strategica tra interessi ma ne costituisce invece un tentativo di regolazione. La selezione dei figli di un Dio minore altro non è che l'esito di un bilanciamento di potere e ha ben poco a che fare con i principi giuridici, poiché essi sono appunto inquinati da una assenza di un organo di governo internazionale monopolista della forza pubblica.

Questa tensione tra regole e potere è stata evidenziata da diversi studiosi del diritto internazionale. Martti Koskenniemi ha mostrato come il linguaggio giuridico internazionale oscilli costantemente tra l'aspirazione universalistica della norma e la dimensione politica degli interessi statali in cui la norma giuridica, intesa nel senso classico, diventa così un campo di interpretazione e contestazione, nel quale gli attori cercano di legittimare le proprie azioni e delegittimare quelle degli avversari attraverso il linguaggio del diritto.

Emerge una dinamica analoga nella disciplina dell'uso della forza nel senso che, secondo l'impostazione giuridica di Yoram Dinstein, il divieto dell'uso della forza sancito dalla Carta delle Nazioni Unite costituisce uno dei pilastri dell'ordine internazionale contemporaneo; tuttavia la sua applicazione concreta rimane ancorata alle valutazioni strategiche degli Stati, valutazioni quindi politiche. Princìpii quali la legittima difesa, la sicurezza collettiva o la protezione di interessi vitali vengono interpretati e applicati in modo differente a seconda del contesto geopolitico, mostrando come il diritto internazionale operi sempre all'interno di una relazione dinamica tra norme e interessi politici in competizione tra loro. Va ben notato che questo scontro esiste in ogni società, dalla società nazionale alla società anarchica internazionale, la differenza sta però nel fatto che in termini statuali, per quanto anche lì gli interessi ambiscano a diventare diritti a discapito di altri (tutto il diritto parlamentare tratta sostanzialmente di queste perpetue frizioni) in seno alla dimensione statuale esiste un decisore ultimo; a livello internazionale ciò non avviene e tutte le garanzie del diritto internazionale specialmente in relazione all'uso della forza crollano.

Evoluzione del diritto internazionale ed equilibrio istituzionale (EEI)

Per comprendere la traiettoria del diritto internazionale è necessario introdurre il modello dell'Equilibrio Evolutivo delle Istituzioni (EEI) dell'Istituto Delphi. In questo framework, le istituzioni non sono intese come entità astratte, ma come "abiti" culturali e strategie collettive che una collettività adotta per stabilizzare la propria sopravvivenza. Secondo l'EEI, un'istituzione solida nasce dalla sedimentazione di comportamenti che hanno dimostrato un alto *payoff* (vantaggio) nel tempo, trasformando la prassi in tradizione e la tradizione in norma (*nomos*). La stabilità di tale equilibrio dipende da due fattori critici: l'Aderenza alla Natura Umana (Hn), ovvero quanto la norma sia coerente con l'egoismo biologico dei soggetti, e la Trasmissibilità (T), ovvero la capacità del sistema di replicarsi senza distorsioni tra le generazioni o tra gli attori.

Il diritto internazionale rappresenta il caso studio più estremo e problematico di questo modello. In assenza di un'autorità centrale (un "Sistema 2 di Kahneman" globale capace di uno sforzo coercitivo), il diritto tra le nazioni deve affidarsi quasi esclusivamente alla prassi e alla consuetudine (il "Sistema 1" dell'impulso e dell'usanza). Da un lato ciò permette un'evoluzione organica: le norme internazionali sono equilibri istituzionali che emergono quando gli Stati riconoscono che cooperare su determinati standard garantisce una prevedibilità superiore al conflitto puro. In queste fasi, il diritto agisce come una Strategia Evolutivamente Stabile (ESS), stabilizzando le interazioni strategiche.

Dall'altro lato, però, il diritto internazionale rivela tutte le difficoltà di un sistema privo di una reale capacità replicativa. Esso è un'istituzione costantemente "sul baratro", poiché soffre di una cronica distanza dal parametro dell'aderenza alla natura reale degli attori coinvolti (*Hn*) esacerbata da una assenza di attore terzo sovrano. Mentre all'interno degli Stati il diritto impone una convergenza verso l'Ottimo Paretiano (il bene del gruppo), a livello internazionale prevale sistematicamente la spinta alla disgreazione e al *free-riding*, nota come Equilibrio di Nash. Ogni Stato è spinto a defezionare dalle regole non appena il vantaggio individuale supera il costo della sanzione, che in ambito internazionale è spesso assente o incerta o ancor peggio selettiva.

Questa precarietà strutturale condanna il diritto internazionale a vivere in un "Bottleneck" (Collo di bottiglia) permanente che rischia costantemente di stravolgerne l'ordinamento, se non nella forma, nella pratica sostanziale. Non si tratta di un'evoluzione lineare verso il progresso, ma di una fluttuazione instabile: le norme sopravvivono solo finché l'equilibrio egemonico del momento ne garantisce l'applicazione. Quando le condizioni strutturali — economiche o militari — mutano, l'equilibrio istituzionale non si adatta, ma subisce un reset violento, riscrivendo un ordine diverso e nel quale sopravvivono solo alcuni degli istituti presenti nell'ordinamento precedente. Il diritto internazionale, dunque, non è un ordine consolidato, ma un campo di competizione dove le potenze cercano di codificare temporaneamente il proprio potere, consapevoli che il sistema non possiede una stabilità intrinseca, ma rimane un'ombra proiettata dai mutevoli rapporti di forza.

5. IUS SOLI O IMPERO?

Lo ius soli, il diritto del suolo, il diritto di ottenere la cittadinanza per il fatto di essere nati in uno spazio, o come si dice in geo-politichese, su un dominio. Quali sono le sue radici?

Il dibattito sullo ius soli rompe un vaso di pandora poiché si ricollega ad una incredibile vastità di riflessioni e paradossi politici. Cosa hanno a che vedere il nazionalismo e l'imperialismo con la cittadinanza? Non potendo oggi esplorare tutto il dibattito sulla cittadinanza, analizzeremo le due grandi categorie generali: lo ius soli e lo ius sanguinis. In pratica, da un lato abbiamo la cittadinanza intesa come territorialmente universale e dall'altro la cittadinanza intesa come etnica. Ma dobbiamo ricordare che queste due visioni possono parzialmente sovrapporsi e che ogni Stato ha negli anni sviluppato un compromesso fra le due. Fatta questa precisazione archetipica andiamo al sodo!

Al mondo esistono due grandi categorie istituzionale che riflettono due grandi famiglie di attribuzione della cittadinanza, la prima per via ereditaria e la seconda per via dei confini.

Ma come si sviluppano? Facciamo un salto indietro esplorando i due grandi filoni che stanno alla base di questa riflessione: il nazionalismo e l'imperialismo, due concetti che spesso vengono confusi ma che in realtà sono incredibilmente diversi e che in buona parte riflettono le tendenze proprie delle collettività ad essere estroverse o introverse.

Sarà sulla dialettica "nativo vs estraneo" che si articolerà la nostra riflessione. Per comprendere perché queste collettività abbiano sviluppato reazioni così diverse all'ingresso dell'altro, occorre analizzare brevemente la dinamica degli spostamenti umani.

Focus:

Per analizzare correttamente la cittadinanza, dobbiamo prima smontare il mito secondo cui 'la migrazione è sempre esistita' nella forma che conosciamo oggi. Dobbiamo distinguere tre fasi migratorie della specie:

1. **Il nomadismo:** la specie umana esce dall'Africa e si sposta lungo gli ecosistemi come qualsiasi altro animale conducendo una vita da cacciatore e raccoglitore, adattandosi quindi ai vari biomi.

2. **La sedentarietà:** le popolazioni, imparando ad addomesticare le specie, si stanziano e il legame territoriale diventa radicale. In questa fase, le collettività iniziano a evolvere in nicchie separate e a divergere, sviluppando lingue, usi, costumi e leggi differenti. Gli spostamenti diventano limitrofi e di entità ridotta.

3. **Le migrazioni odierne:** sono spostamenti di parti di popolazioni **stazionarie** che hanno già introiettato millenni di differenze culturali e fisiche. Il problema odierno nasce dal fatto che il colonialismo e la globalizzazione hanno riunito emisferi biologici e culturali che erano rimasti isolati per millenni, forzando un adattamento dei modelli meno sviluppati verso quelli più sviluppati con la conseguente e fisiologica distruzione di intere nicchie sociali umane. Adattando il principio di esclusione competitiva di Gause,

non c'è modo di unire due specie culturali molto distinte e su livelli di sviluppo molto differenti senza che uno dei due non si estingua: l'unione dei biomi atlantici, sia culturali quanto naturali, non poteva avere altro esito che quello purtroppo verificatosi a discapito, ad esempio, delle società pre-colombiane.

Nell'incontro tra due popolazioni diverse e separate da millenni di evoluzione, la domanda 'chi adotta i costumi di chi' non trova risposta in un ideale di tolleranza, ma in una prospettiva evoluzionistica. Non siamo davanti a un dialogo tra idee, ma a una **competizione tra software comportamentali**. Il sistema culturale che prevale è solitamente quello che offre una migliore prassi adattiva nella nicchia attuale o quello che, per pressione demografica e riproduttiva, riesce a saturare lo spazio dell'altro. Quando due sistemi occupano la stessa nicchia (territorio e risorse), la storia insegna che non possono coesistere a lungo in equilibrio perfetto: sopravvive chi converte più efficientemente l'energia ambientale nel mantenimento della propria struttura.

La cittadinanza viene data o per motivi temporali o per motivi spaziali. Perché li chiamiamo temporali? Temporali poiché la naturalizzazione ha bisogno di tempo per sedimentarsi. La naturalizzazione è quel processo secondo cui persone estranee ad una collettività vi fanno ingresso, "migrano", inserendosi con i nativi e fondendosi con essi; acquisendone le caratteristiche culturali e linguistiche. Questa è la caratteristica temporale, ovvero etno-culturale.

I cittadini etnici italiani sono tali perché lo sono diventati nel tempo: alcuni, pochissimi, discendono dai romani, altri dalle invasioni barbariche, altri da mercanti di mare provenienti da tutta Europa e dal Mediterraneo e via discorrendo. Da questo processo evolutivo si ha lo "ius sanguinis", cioè il diritto alla cittadinanza per via di sangue. Ma in realtà il sangue c'entra ben poco poiché quello che conta di più all'atto pratico è l'omogeneità non di sangue quanto più l'omogeneità etnica, intesa soprattutto come omogeneità di usi, costumi, cultura e lingua.

Lo ius sanguinis esiste da ben prima che venisse scoperta la genetica e che dunque fosse possibile risalire alla provenienza genetica "del sangue". <u>Questo accade poiché storicamente si attribuiscono al "sangue" caratteristiche che sono in realtà prettamente geo-culturali.</u> Se ad esempio in Italia si volesse attuare uno ius sanguinis in senso letterale bisognerebbe fare una mappatura genetica degli italiani, ma insorgerebbe un problema: da quale periodo storico si possono definire gli abitanti della penisola come "italiani"? I romani erano italiani? Gli etruschi lo erano? Eravamo italiani durante le guerre gotiche o durante la dominazione bizantina? Oppure, siamo diventati italiani a partire dall'Unità d'Italia nel 1861? Le leggi sulla cittadinanza italiane traggono in origine le proprie radici dall'ultima ipotesi.

"Ius sanguinis" è un criterio adottato per definire tutti coloro i quali hanno fatto proprie, nei secoli, determinate caratteristiche culturali da noi definite erroneamente come sanguigne, ma che in realtà sono principalmente culturali. Uno dei cardini principali è la lingua. La lingua è il carattere ereditario, quindi temporale, che per eccellenza rappresenta l'appartenenza ad un gruppo umano. Come abbiamo ribadito nelle precedenti pagine, il linguaggio è un fenomeno sociale ma è anche un dominio, quindi oggetto di competizione egemonica.

È fondamentale non confondere l'etnia con la genetica. L'evidenza storica dimostra che la **variabile acquisita** (cultura e istituzioni) ha un impatto causale nettamente superiore alla variabile strutturale genetica. Le "prove di laboratorio" naturali come la Germania Est/Ovest o le due Coree mostrano che popolazioni con lo stesso pool genetico producono output sociali opposti a causa del sistema politico. Lo *ius sanguinis* va quindi inteso non come difesa di un DNA, ma come tutela di un ambiente culturale e istituzionale che "scrive" sopra la biologia, rendendo l'etnia una variabile trascurabile rispetto alla volontà di mantenere una specifica prassi sociale.

Gli immigrati di sangue diverso che si stanziano su un nuovo territorio, alla lunga, nella maggior parte dei casi si naturalizzano. È la naturalizzazione, cioè la fusione degli stranieri col tessuto sociale dei nativi, che li rende effettivamente membri di quella collettività, non di per sé il sangue. Per "membro" di una collettività non si intende in nessun modo il modello multiculturalistico che equipara le culture fra di loro e che lascia che esse interagiscano fra di loro mantenendo le proprie differenze. Essere membri di un gruppo consiste nell'integrazione e nella fusione reciproca fra membri. Ergo nel rivedersi e identificarsi come usi, costumi e cultura.
Questo è un prerequisito della coesione sociale, il quale a sua volta è

un prerequisito per la proiezione di potenza verso l'esterno, elementi fondamentali di una collettività per assurgere a soggetto geopolitico e non più solo oggetto geopolitico. Sulla costruzione della soggettività collettiva sarebbero opportuni futuri nuovi approfondimenti.

Questa specificazione sullo ius sanguinis non è volta a screditarne la tesi, anzi, ci aiuta a capire come è nata tale visione del mondo e come analizzarla.

A contrapporsi a questo approccio vi è lo ius soli, ovvero l'irrilevanza delle caratteristiche etnico-linguistiche e l'assoluta predominanza dell'altra caratteristica: lo spazio. Se sei nato in quello spazio, se sei nato entro quei determinati confini, automaticamente ti spettano i diritti di cittadino. Ha senso? Sì, ha perfettamente senso. Ecco la trappola: hanno senso entrambe, ma in contesti diversi poiché si sviluppano in società diverse. Come il fenomeno democratico già analizzato, astrarre dei fenomeni umani è d'obbligo nella ricerca, convincersi di poterli impiantare ovunque artificialmente è invece ben altra storia.

Per comprenderlo dobbiamo capire come si sviluppano gli imperi.

Tempo e spazio quindi, qua il primo paradosso: le società imperiali tendono ad adottare lo ius soli; le società nazionalistiche lo ius sanguinis. Questo perché nazioni ed imperi divergono molto più di quanto si possa credere.

Entrambe frutto dell'evoluzione culturale umana, il nazionalismo si sviluppa come principio etnico e come principio introverso. Il nazionalismo non ha una missione universalistica bensì una missione di autoconservazione. Al contrario, l'impero ha una struttura sociale ben differente. Infatti l'impero nasce da una nazione originaria ma finisce per incorporare più nazioni e i rispettivi territori. L'impero non nasce per volontà propria ma nasce poiché riesce a resistere alle collettività esterne.

Storicamente è imperatore colui che regna su altri regnanti. Se vogliamo, l'impero è forse la prima forma di ente-sovrannazionale. Tralasciando tutte le implicazioni storiche dell'imperialismo, trattiamo l'imperialismo in senso neutrale, in senso geopolitico e non in senso moralistico.

L'impero si ha quando una collettività umana diventa così forte e coesa da riuscire nel tempo a sottomettere e integrare altre collettività umane senza obbligatoriamente fondersi con esse: le popolazioni sottomesse possono mantenere le loro peculiarità linguistiche e culturali, ma devono essere fedeli all'impero. L'impero è per definizione un territorio disomogeneo ed etnicamente eterogeneo dove al suo centro vi è un nucleo di potere che riesce ad essere egemone su altre popolazioni. Quando questo nucleo perde di coesione, sia l'impero stesso quanto i *clientes* iniziano a collassare.

Impero lo sono stati i romani, impero lo sono stati i persiani, impero lo sono stati i russi, così come i rivoluzionari francesi e lo sono gli americani.

L'impero per definizione non ha una sua omogeneità nazionale, non ha una sua unica etnia, altrimenti sarebbe una gigantesca etno-nazione. Nella fase imperiale romana, l'etnia "romana" era qualcosa di irrilevante. Molti imperatori romani erano illiri (balcanici), altri galli (francesi) e altri iberi (spagnoli).

L'impero ha una vocazione all'estroversione e all'universalismo che sono totalmente assenti nei nazionalismi. Non conta a quale etnia tu appartenga, conta che tu sia fedele all'impero e che tu riesca a rispecchiarti ed identificarti con esso e con la sua missione universale. La missione universale è una caratteristica che gli imperi sviluppano a posteriori, cioè dopo essere già diventati imperi, ed è una cornice cognitiva volta quasi esclusivamente a tutelare la propria esistenza e la propria espansione.

Ed è da qui che nasce il primato della spazialità dello ius soli in sfavore del cardine temporale, cioè quello etnico.

Traslando la forma organizzativa imperiale possiamo fare molti esempi storici. Lo scontro miticizzato col film "300" dove spartani e persiani si scontrano alle Thermopili, può essere analizzata con la stessa chiave di lettura. Da un lato abbiamo un impero, con vocazione universalistica, cioè quello persiano, il cui scopo non è la supremazia etnica, bensì un governo universale che includa tutti, anche i greci. Tutti erano uguali al cospetto dell'imperatore, poco importava la loro origine.

Dall'altro abbiamo i greci, che rappresentano una visione che all'epoca non esisteva ma che oggi definiremo "nazionale" con vaghe e non organizzate tendenze coloniali (vedere la fondazione di Siracusa o di Marsiglia). Come possiamo vedere, nello scontro, da un lato abbiamo uno schieramento che si raduna intorno al principio etnico, cioè l'essere greci, dall'altro abbiamo uno schieramento che si raduna intorno ad un principio universale: soldati persiani di nazioni diverse che combattono tutte per lo stesso ideale, cioè l'appartenenza all'impero, *de facto* una struttura governativa sovrannazionale.

Ma l'estroversione prima menzionata? Prima abbiamo detto che una caratteristica fondamentale del comportamento degli imperi è l'universalismo e quindi l'estroversione. Prendiamo come esempio la prima Francia nazionale, cioè quella Francia nata dalla rivoluzione nazionale del 1789 e la mettiamo a confronto con la Francia imperiale, quella napoleonica.

Secondo il metodo di John Stuart Mill ci tocca trovare le differenze fra casi simili, ergo in cosa divergono queste due France?

Esattamente l'estroversione. L'estroversione francese e la portata universalistica del loro messaggio rivoluzionario è stato il cardine del loro dominio imperiale in epoca napoleonica: non contava essere francesi, contava il messaggio messianico della rivoluzione, che andava esportato a tutti i costi.

Le prime invasioni napoleoniche vennero accolte da molte collettività come una liberazione.

Lo ius soli primeggia dove la società non si fonda su una specifica cultura etnica bensì su un territorio e su questo territorio chiunque accetti gli ideali e i valori universalistici del ceto dominante è ben accetto a tal punto che è sufficiente nascerci dentro per esserne parte.

Questo risulta visibile empiricamente tutt'oggi: quali sono gli Stati che adottano questa visione di cittadinanza? Ovviamente le Americhe. Con l'importante eccezione della Colombia, in quasi tutto il continente americano, sia sud sia nord, vige lo ius soli. Questa è eredità ovviamente di una delle diramazioni delle varie strutture imperiali che l'essere umano ha conosciuto, ovvero il colonialismo.

Infatti, nelle Americhe già colonizzate dagli europei le popolazioni native, cioè le civiltà precolombiane, non ricoprivano più nessun ruolo politicamente rilevante. Né il Messico si fonda sulla civiltà Maya, né gli USA sui Cherokee, né il Perù gli Incas. I precolombiani sono ormai membri di collettività statuali che loro non hanno creato ma di cui si sono ritrovati, loro fortuna o sfortuna, oggetto e non soggetto.

Torniamo alla dialettica "nativo-estraneo" per capire se c'è stata naturalizzazione dell'estraneo verso il nativo. Le popolazioni precolombiane erano già poche in numero rispetto allo spazio disponibile, non erano coese fra di loro ed il risultato tristemente noto è che siano state escluse, ghettizzate e decimate, principalmente dalle malattie che i coloni europei hanno esportato loro malgrado. Risulta chiaro che non essendo queste popolazioni forti abbastanza da costituire un tessuto sociale e politico organizzato, gli europei hanno avuto davanti a sé una tabula rasa. Facendo tabula rasa del tessuto etnico di quel luogo, è chiaro che la cittadinanza andasse attribuita non in base ad un principio etnico ma in base ad un principio spaziale. Una delle poche eccezioni a questa tendenza comportamentale delle collettività è costituita dai Boeri in Sudafrica, i quali seppur coloni, esportarono un modello strettamente nazionalistico e introverso, sfociato poi nel tristemente noto "Apartheid".

Sia che l'imperialismo assuma caratteristiche violente come nelle Americhe, sia che assuma caratteristiche più pacifiche (la creazione di qualsiasi Stato è sempre violenta), qualsiasi forma di governo non-etnica tenderà ad assumere lo ius soli, non per scelta ideologica, figuriamoci! Ma per necessità. Basti guardare agli Stati Uniti d'America: quale dovrebbe essere il loro "ius sanguinis"? Parliamo di una collettività che è priva di una nazionalità etnica sanguinea: con i tedeschi che costituiscono oggi l'assoluta maggioranza demografica, con una grande fetta di discendenti africani e una sempre crescente porzione di ispanici, i padri fondatori discendenti britannici sono ormai quasi una minoranza che ha sì, lasciato il proprio bagaglio culturale e strategico-istituzionale, ma che "nazionalmente" rappresenta sé stessa e poco più.

La principale minaccia all'esistenza degli Imperi sono i secessionismi, cioè le forza centrifughe, che altro non sono che un ritorno alla cittadinanza sanguigna.

<u>Non essendo gli imperi strutture di governo coese e unite da un legame "sanguinis", le rivendicazioni nazionali sono, assieme alle sconfitte militari, le principali minacce alla sopravvivenza di un impero.</u>

Ogni impero nella storia ha cessato di esistere o per sconfitta militare o per secessioni intestine nate per motivi etnici-nazionali. Non dobbiamo fare l'errore di cadere in facili moralismi o retoriche faziose: gli imperi non si sono mai retti solo con la forza ma principalmente col consenso.

Il paradosso: le società imperiali si sviluppano secondo la caratteristica spaziale e tendono per definizione a una qualche forma di universalismo. Siamo ovviamente davanti ad una contraddizione.

Come può un parametro limitato come i confini nazionali, farsi vettore di un principio universalistico?

Da qui il dilemma degli imperi. Gli imperi cercano di estendere la propria cittadinanza oltre i propri confini. L'impero concettualmente, in quanto tendente all'universalismo, non conosce confini, eppure basa la propria cittadinanza solo su criteri dettati dai confini. Come mettiamo insieme queste due cose?

Il risultato storico di questa contraddizione è che gli imperi hanno la naturale tendenza ad espandersi sugli altri, col soft power o con l'hard power.

Ed ecco che gli USA cercano di esportare la democrazia, che la Russia post-zarista cerca di livellare i nazionalismi e le fratture religiose intestine avvalendosi dell'universalismo comunista. Ecco che la Francia tenta di esportare la propria rivoluzione. Ed ecco che gli arabi, nativi solo della penisola arabica, colonizzano una enorme parte di mondo che va dalle dall'Oceano Indiano, passando per le valli dell'Indo fino all'Oceano Atlantico, grazie al messaggio coranico.

I meccanismi propri della teocrazia di stampo islamico è molto simile al funzionamento di un impero laico, aggiungerei "sovrapponibile".

Gli imperi hanno per definizione tendenza all'estroversione. Ma quando pèrdono la propria capacità estroversa di proiettarsi sull'esterno, inizia il loro decadimento; quando l'"American way of life" perde di attrattiva e quando si capisce che la democrazia non può essere esportata, ecco che inizia il decadimento dell'egemonia americana. O forse si regge su un fattore causale inverso? In realtà è quando la coesione interna che scricchiola che la narrazione universalistica perde di appeal poiché si smarrisce la capacità proiettiva. L'impero si regge non solo militarmente, ma principalmente come narrazione.

Se la morte definitiva di un impero si ha, come citato prima, per secessioni e per sconfitte militari, il decadimento di un impero si ha con la corrosione della coesione sociale, il che si manifesta all'esterno sotto forma di un sempre minor apprezzamento del messaggio universalistico.

Questa territorialità si scontra oggi con l'illusione della democrazia come sistema indipendente dalla **demografia**. La dottrina 'No Border' o 'Open Borders' rispecchia una implicazione basilare del socialismo classico: l'idea che sia un diritto dei non abbienti ottenere, anche tramite la coercizione o lo scavalcamento della sovranità, ciò che appartiene agli abbienti. Tuttavia, la democrazia è fatta di demografia: essa non è un principio universale astratto, ma un contratto tra i membri di una specifica collettività radicata su un territorio sopra il quale si esercita un dato set di norme e leggi, nonché una data allocazione di beni e servizi finanziata dai consociati. La presunzione di appartenere a qualsiasi sovranità statale indipendentemente dal confine mina il presupposto stesso del voto come esercizio di una sovranità delimitata.

Cos'è un cittadino? È nella risposta a questa domanda che divergono essenzialmente le varie forme di governo, fra cui le grandi categorie di *imperialismo* e *nazionalismo*.

6. SIAMO DAVVERO LIBERI?

Quando al picco storico del valore delle criptovalute alcuni guru iniziarono a proclamare l'imminente crollo della criptovaluta, i vari speculatori si allarmarono e spaventandosi ritennero che fosse arrivata l'ora di vendere la propria quota. Una vendita di massa fa precipitare il valore delle criptovalute. Ed ecco una profezia che si auto-adempie, non distante da quanto già teorizzato dal sociologo Robert K. Merton nel 1948.

> Nel suo "Self-Fulfilling Prophecy", Merton descrive come le aspettative o le previsioni, anche quando sono inizialmente errate, possono influenzare il comportamento delle persone in modo tale che la previsione si avveri. In altre parole, le persone agiscono in base alle aspettative o alle "profezie", contribuendo così a realizzarle, anche se inizialmente erano solo ipotesi o congetture.

Stessa cosa si ha quando ci si convince in massa che le banche stiano fallendo: tutti si precipitano a ritirare al bancomat e così facendo anche la più sana delle istituzioni bancarie, rischia concretamente di fallire.

Alcuni lo chiamano destino. Altri ci vedono del determinismo. Il determinismo altro non è che una concatenazione di eventi di causa ed effetto, di azione e reazione, che porta ad un punto futuro di **arrivo finale**, dal quale non si può scappare.

Il determinismo, annienta la libertà dell'individuo perché sostanzialmente qualsiasi cosa l'individuo compia o faccia, il risultato non cambierà. Questo paradigma si chiama "determinismo", cioè che ogni azione è l'effetto di una azione propria o altrui precedente, in una catena che si perde indietro nel tempo. Non esiste un inizio o una fine in senso stretto, bensì un susseguirsi di azioni e reazioni materiali e immateriali che man mano trasformano tutto in altro.

Con questo scritto proponiamo uno strumento innovativo per osservare i fenomeni individuali e politici sotto un'ottica differente facendo luce sui due paradigmi.

Ma partiamo chiedendoci, cos'è la libertà?
La libertà, nella sua accezione generale, è il potere di incidere sulla propria vita. Da un pensiero ne nasce una volontà e da una volontà ne nasce una azione, quindi abbiamo un comportamento che deriva solo ed esclusivamente dalla nostra capacità di rendere reale una nostra volontà. Coerentemente con quanto sostenuto finora si può sostenere che libertà e potere siano concetti quasi gemelli, pur non sinonimi.

Ciò ovviamente implica avere il controllo sul nostro comportamento. Se siamo liberi vuol dire che le nostre azioni dipendono dalla nostra volontà e che non siamo condizionati nell'atto di scegliere da fattori esterni né abbiamo a disposizione una sola opzione fra cui scegliere. Avere una sola opzione davanti a noi comporta che non siamo liberi. Allo stesso modo non possiamo dirci liberi se il nostro processo di scelta è forzato o influenzato da fattori esterni precedenti.

Motivo per cui un buon venditore non cercherà mai di obbligare una vostra scelta di acquisto, cercherà bensì di controllare le opzioni disponibili: meno sono le opzioni e più cooptata sarà la vostra decisione.

Nel cabaret dei politici il termine "libertà" è senz'altro quello più venduto sul mercato. Ne parlano tutti, viene da chiedersi se quindi esista davvero.

Per poter rispondere alla domanda "siamo davvero liberi" potremmo rispondere avvalendoci di due elementi opposti fra loro: **il paradigma della struttura** (detto anche **determinismo**) e il **paradigma dell'azione** (detta anche **libera volontà**). Fra questi due elementi, posti rispettivamente ai due estremi di uno spettro troviamo nel mezzo le varie sfumature in cui noi tutti, ignari, viviamo le nostre vite.

Noi ci sentiamo liberi. Eppure sappiamo il nostro comportamento non è mai dato solo dalla nostra volontà, siamo sempre obbligati a compromessi con fattori esterni o esigenze personali con cui non avevamo fatto i conti.

La nostra volontà trae spunto dalla realtà e deve poi relazionarsi con la realtà circostante, cioè l'ambiente, quando deve diventare un comportamento concreto a tutti gli effetti. Come per l'ingegneria politica, qualsiasi idea, nel nascere passa dallo stato astratto allo stato tangibile e nel farlo, cambia inevitabilmente forma.

Nelle scienze sociali il comportamento umano, ciò che è quindi alla base del fenomeno, è descritto con la funzione:

Comportamento = Personalità + Ambiente.

I nostri comportamenti sono frutto della nostra persona e dell'ambiente circostante. È la relazione fra queste due variabili il nocciolo intorno a cui ruota tutta la nostra riflessione che potrà in fine svelarci se siamo liberi o meno.

Proprio in questo equilibrio tra vincolo e volontà, l'intelligenza inserisce una variabile dirompente: **l'intenzionalità**. Mentre nelle altre specie l'evoluzione è un processo subito passivamente, cioè un verdetto dell'ambiente a cui la specie può solo tentare di adattarsi, l'essere umano usa l'astrazione per cercare di ribaltare il rapporto di forza. Lo sviluppo del genere umano può in qualche modo essre concepito come una lotta contro la brutalità della natura. Noi non ci limitiamo ad abitare la nicchia, ma cerchiamo di progettarla, anticipando le pressioni esterne. Grazie a questo aspetto l'evoluzione smette di essere un semplice "accadere" e diventa anche un **"fare"**.

Tuttavia, questa libertà di azione funziona come un **acceleratore di sistema**: essa aumenta la potenza della nostra reazione, ma non ne garantisce la direzione. Qui risiede il rischio fatale: la nostra capacità di scegliere è vincolata alla verità delle premesse da cui partiamo. Se l'intelligenza opera su basi storiche o scientifiche false, l'azione "libera" non protegge la collettività, ma ne **moltiplica la velocità di caduta**. In sintesi, la nostra libertà va comunque interpretata da ciò che c'era prima, a prescindere se ciò che c'era prima sia un fattore naturale o un fattore artificiale. In pratica, se usiamo la nostra intelligenza per scappare da un pericolo immaginario (come in un *bank run* o in una crisi speculativa basata su falsi guru), la nostra capacità di agire trasforma un'ipotesi errata in un collasso reale, rendendo l'errore umano infinitamente più rapido e letale di qualsiasi lenta fatalità naturale.

Bene, qua arriva il tranello: quale delle due influisce di più sull'espressione del potere? Chi è che determina un comportamento individuale e sociale? È l'ambiente in cui la persona si trova o la libera volontà della persona stessa? Quale delle due variabili ha davvero il controllo sull'altra? Scorrendo lungo il nostro continuum fra "determinismo" e "libera volontà" troveremo le varie risposte al nostro quesito iniziale.

È proprio la domanda "chi ha il controllo?" che crea le basi per una frattura profondissima nella nostra società, il cui risultato sarà successivamente, fra le altre cose, la nascita della destra e della sinistra. Molti risponderanno che ovviamente le proprie azioni non sono influenzate da altro se non dalla propria intima e soggettiva volontà. Ma è sempre così?

Il determinismo non implica che si conosca il proprio destino, significa invece che il destino sia conoscibile:
ergo non che si conosca, ma che ci sia in astratto la possibilità di conoscerlo con i giusti strumenti. Questo è dato dal fatto che ogni evento è concatenato l'un l'altro e ad ogni causa vi è un effetto certo ed inequivocabile.

Inutile dire che il modello scientifico si basa proprio su questo criterio: creare delle generalizzazioni che possano essere decifrate come leggi matematiche da cui trarne una esatta reiterazione di un fenomeno qualora vi siano sempre le stesse interazioni di cause: a cause uguali vi saranno effetti uguali.
Ad ogni azione corrisponderà **sempre** lo stesso effetto, a parità di altre circostanze, ovviamente.

La stessa arte della strategia si basa proprio su questo: ingannare la libera scelta decriptando il futuro studiando i comportamenti passati dei propri avversari.

La scienza fisica è deterministica per definizione, anche se le sue applicazioni più che una determinazione ci danno una predisposizione.

> La predisposizione si distingue dalla determinazione in quanto non determina, appunto, con certezza quale sarà l'effetto di una causa, bensì predispone suggerendo che ad una data causa vi possono essere una pletora di effetti possibili. È quindi un parametro meno stringente rispetto al determinismo.

Perché se ci pensiamo bene, se l'interazione fra cause ed effetti avvenuti nel passato sono conoscibili e quantificabili, allora anche il futuro è conoscibile. Significa che in parte quel futuro è già scritto fin da ora, ergo non è pienamente libero.

Per essere una persona davvero libera, il suo futuro deve essere totalmente ignoto ed imprevedibile in quanto non determinabile. Se il futuro è determinabile, che valore possono mai avere le scelte individuali nel cambiarlo?

In sostanza il determinismo sostiene che un individuo non abbia mai potuto fare diversamente da come già abbia fatto in quanto ogni sua azione era determinata dall'insieme delle influenze esterne, o interne inconsce, precedenti.

Ma l'individuo sarebbe dunque una microscopica particella che reagisce in modo prevedibile a ciò che gli avviene intorno?

Ma abbiamo un altro lato nel nostro spettro, quello della libera volontà.

I libertari di contro sostengono che sì, il mondo fisico è deterministico: se lasci cadere una pallina dalla mano questa andrà al suolo, non inizierà ad abbaiare né le cresceranno le ali. A questo però i sostenitori del paradigma dell'azione aggiungono una clausola. Loro accettano quindi una forma di determinismo, che è scientificamente inconfutabile, tuttavia sostengono che esista anche la causalità dell'individuo. Cos'è? È la facoltà della persona di scegliere se lasciare che la pallina cada per terra o meno, e questa causalità è dettata da un processo non fisico, bensì mentale. Quindi è ripristinata la legittimità del paradigma dell'azione? Non proprio.

Poiché sorge una nuova domanda: da dove deriva la facoltà di scegliere se fare cadere o meno la pallina? È chiaro che qualsiasi sia la risposta questa andrà a rafforzare la posizione deterministica secondo cui ogni azione ha una causa. Infatti, se diciamo che abbiamo voluto far cadere la pallina per vedere che rumore facesse, stiamo dicendo in pratica che la nostra precedente volontà di conoscerne il rumore ha determinato la nostra scelta di farla cadere. Ergo: confermando il determinismo.

Come diceva D'Holbach: "Tutto è l'inevitabile risultato di ciò che è venuto prima, anche le nostre azioni". Nonostante questa evidenza, la libera scelta giocherà un ruolo fondamentale nei passaggi successivi. Ebbene, adesso che abbiamo scoperto di non essere scientificamente liberi, almeno sul piano concettuale, cerchiamo di capire come da questa riflessione nascano i vari fenomeni politici.

Perché non riusciamo mai ad immaginare correttamente il futuro della tecnologia?

La nostra capacità di esercitare una vera libertà di scelta si scontra con un paradosso. Ogni nostra previsione tecnologica ("le automobili nel 2000 voleranno") — e quindi ogni nostra scelta libera — è limitata dal 'software' culturale del presente. Non possiamo scegliere o prevedere un comportamento per cui non abbiamo ancora sviluppato una categoria mentale. Questo limite è dettato dal binomio **cultura-tecnologia**: poiché ogni salto tecnologico modifica la nostra struttura cognitiva, la tecnologia futura è per definizione sconosciuta e imprevedibile. Il *foresight* è possibile solo a parità di tecnologia; l'effetto dirompente di una scoperta trasforma la società in modo così radicale da rendere i modelli di scelta precedenti non solo obsoleti, ma illeggibili.

Noi adesso stiamo studiando dei concetti astratti, ma questi concetti astratti hanno però ripercussioni reali sul nostro agire. Vediamo l'effetto della responsabilità

L'anello di congiunzione fra questo mondo astratto e la realtà politica è la responsabilità. Se una persona non è totalmente libera di scegliere in quanto ha un destino già scritto, come si può ritenere che questa persona sia responsabile delle proprie azioni? Come si configura un merito o un demerito se in realtà né l'uno né l'altro dipendono dalla nostra libera scelta bensì da una struttura fisica e/o sociale che noi non controlliamo? Ecco che torna nuovamente in gioco il paradigma della libera scelta: nonostante sappiamo che ogni nostra scelta è influenzata da fattori esterni alla nostra volontà, **la consapevolezza stessa di essere responsabili delle nostre azioni costituisce un elemento che a sua volta determinerà i nostri comportamenti.**

Per capirci teniamo a mente R. K. Merton: a prescindere che alla radice di ogni comportamento umano, e quindi anche di ogni fenomeno politico, vi sia una strada pre-determinata bisogna capire quale sia l'impatto psicologico e sociale che una tale consapevolezza ha. Se una persona inizia a credere che le proprie volontà siano sostanzialmente inutili in quanto il destino già è scritto, quella persona sta implicitamente modificando il proprio destino.

Esteriorizzazione ed interiorizzazione. Se io so di non essere responsabile per le mie azioni, divento automaticamente incline a compiere atti che altrimenti non avrei compiuto. Chi potrebbe mai punire un mio crimine quando era già scritto nel destino che lo avrei compiuto e quindi non ne sono responsabile?

Il problema politico del paradigma della struttura è implicitamente una profezia che si auto-adempie. Il determinismo, utile nelle scienze fisiche e nei grandi aggregati, diventa invece un incentivo alla passività e alla deresponsabilizzazione quando si riduce la scala di applicazione ai piccoli gruppi o i singoli individui: la singola persona proietta sul destino tutte le proprie colpe e tutti i propri meriti e inizia a guardare la propria vita in terza persona. Nonostante il paradigma della struttura (o determinismo che dir si voglia), sia scientificamente e logicamente l'unica opzione valida, le sue implicazioni sono potenzialmente devastanti. Questo poiché la sua stessa esistenza è generatrice a sua volta di un effetto deleterio quando le particelle in questione non sono molecole fisiche bensì sono esseri senzienti come gli esseri umani.

Questo è il motivo per cui il determinismo politico nella sua accezione più estrema crea potenziali scenari di devastazione e totalitarismo. Entrambi i paradigmi creano degli effetti tangibili socialmente e politicamente.

Chiameremo questi effetti come **effetto di esteriorizzazione della responsabilità** per quanto riguarda il paradigma della struttura, ed **effetto di interiorizzazione della responsabilità** per quanto riguarda il paradigma dell'azione.
Più brevemente esteriorizzazione ed interiorizzazione.

Facciamo un esempio pratico di come si evolvono questi effetti nella vita reale: un cucciolo di essere umano nasce ed è totalmente soggetto alla struttura in cui è nato, cioè la famiglia e più in specifico la madre e poi il padre (per una questione prettamente legata al parto e all'allattamento). Crescendo di anno in anno sviluppa il potenziale per svincolarsi sempre di più dalla struttura di appartenenza, appunto i genitori. Finisce quella che viene chiamata la prima socializzazione.

È quindi vero che i comportamenti di un bambino siano deterministici, in quanto sono totalmente determinati dalla struttura di riferimento. Man mano che egli cresce però, avrà gradualmente la **possibilità,** *attenzione, possibilità!,* di esprimere la propria libertà e, quindi, assumersi delle responsabilità. La responsabilità altro non è che un artificio secondo cui le azioni di una persona acquisiscono una paternità specifica in capo a un individuo.

Non è tuttavia detto però che egli decida di avvalersi di questa possibilità! Un adulto maturo ha iniziato ad interiorizzare la responsabilità in quanto si sente padrone della propria vita e sa che su di essa ha potere e controllo.

> Questa percezione di controllo sul proprio destino ci espone però a una distorsione cognitiva: la **discriminazione temporale**. Poiché ci sentiamo "più liberi" e consapevoli rispetto ai nostri antenati, tendiamo a denigrare i comportamenti del passato come frutto di ignoranza o barbarie. Lo spazio si è ristretto e il tempo si è accorciato al punto che ciò che è avvenuto secoli fa ci sembra così lontano da permetterci quel distacco necessario per giudicarlo con superiorità morale. È un'illusione di libertà: dimentichiamo che ogni aggregato umano, oggi come millenni fa, risponde alle medesime necessità di sopravvivenza e che le nostre "scelte libere" di oggi sono altrettanto vincolate dal nostro ambiente quanto lo erano quelle di chi ci ha preceduto: si è passati una xenofobia su base spaziale ad una xenofobia su base temporale.

Quando invece si vede un adulto dare la colpa dei propri comportamenti solo al mondo esterno, sta dando la colpa alla struttura, cioè al destino, a qualcosa di esterno a lui che egli non controlla. Questa si chiama esteriorizzazione ed è un comportamento tipico dei bambini: non sentendosi pienamente responsabili per quel che accade, quando le cose vanno male il dolo, o la colpa, non possono mai essere proprie bensì di qualcun altro. Se lo stesso atteggiamento è però attuato da un adulto, solitamente si definisce questa persona come "immatura", in quanto significa che non si avvale del proprio potere di incidere sulla vita ma preferisce avvalersi di una struttura su cui scaricare la propria responsabilità.

Questo modello di analisi definibile, volendo coniare una nuova connotazione del termine, come *micropolitico*, ci aiuta ad analizzare una miriade di fenomeni collettivi e individuali. Nel prossimo capitolo applicheremo in modo empirico questo modello di esteriorizzazione ed interiorizzazione per capire come esso possa spiegare la differenza tecnologica fra i paesi cattolici e i paesi protestanti; capiremo perché sia nata la destra e la sinistra e come il pensiero marxista abbia interpretato questa dicotomia ma anche quale possa essere l'origine dell'ingegneria sociale e del Welfare State.

Concludendo, per rispondere alla domanda "siamo liberi o no?", forse è meglio cambiare domanda e chiedersi "quanto potere abbiamo di incidere?" e per meglio rispondere sarebbe utile immaginarsi il **fondale marino e il mare.**

Si rende necessario a tal riguardo fare un ulteriore sforzo mentale, passando quindi da un modello di analisi sincronico aprioristico a un modello d'analisi diacronico, cioè temporale.

Immaginiamo che il fondale marino rappresenti la struttura mentre le onde rappresentano l'azione. Nel breve periodo il fondale marino è fermo e dà la forma al mare, il mare deve quindi poggiare sul fondale senza poterlo cambiare; ma nel lungo termine il mare incide sulla forma del fondale marino, in quanto agendo sopra di esso finisce per plasmarlo.

Con due tempistiche diverse, struttura e azione si influenzano a vicenda. Questa si chiama "relazione bi-direzionale", e crediamo che sia la miglior risposta al dilemma.

Dobbiamo quindi contrapporre all'idealismo dell'unidirezionalità (l'idea che basti l'intenzione per essere liberi) un fermo **Realismo Strutturale**. In natura e in politica non esiste nulla di unidirezionale; ogni nostra azione è una perturbazione di un equilibrio. L'idealismo è la variabile che manda in crash il software culturale perché rimuove dal calcolo il nesso di causalità tra l'azione e la sua conseguenza ambientale. Ignorare il costo o la reazione della nicchia non cancella la conseguenza della nostra scelta; la rende solo più violenta quando si manifesta. La vera libertà non è dunque il delirio di onnipotenza dell'intenzione, ma la capacità di gestire ciò che resta nel mondo dopo che la nostra volontà si è scontrata con la realtà dei fatti.

Questo paradosso, da un punto di vista personale, può essere risolto appurando di non essere liberi e beandoci quindi dell'ignoranza del non conoscere quali siano le cause che determinano il nostro comportamento ergo ritagliando in modo artificioso una parvenza di libertà; ma contemporaneamente, pur quindi conoscendo in astratto la nostra non-libertà, dobbiamo sforzarci di crederci liberi, poiché omettere quest'ultimo passaggio crea un ulteriore comportamento, ovvero l'assenza di responsabilità e il nichilismo, che altro non farebbe che auto-adempiere un destino che noi non vorremmo vedere.

7. PERCHÉ ESISTONO SINISTRA E DESTRA?

"Ma cos'è la destra, cos'è la sinistra?" cantava Gaber. Qual è la risposta? In realtà quando ci si affaccia a questo tema la prima risposta che viene in mente ci riporta subito ai partiti. Ci vengono in mente i politici, ci vengono in mente le campagne elettorali. Ma in realtà questi sono solo degli effetti, delle manifestazioni. I partiti e i politici di destra e sinistra sono dei sintomi di un fenomeno ben più vasto. Questo fenomeno originario non ha portato alla luce solo la destra e la sinistra nelle loro accezioni generali, ma una sfilza molto vasta di fenomeni che hanno attraversato l'Occidente nei secoli e che lo attraversano tutt'ora.

Le "Pars" e il Cleavage. Perché esistono destra e sinistra? Perché quando si tratta questa tematica l'impressione che si ha è di assistere ad uno scontro fra tifoserie partitiche e non ad un discorso astratto e analitico?

Destra e sinistra sono due parti – dette "pars" in latino – iniziamo da questo: due parti di un insieme e questo insieme si chiama collettività. Lo scontro fra tifoserie di destra contro tifoserie di sinistra ha luogo in primis poiché si tratta in sé di parti e in secondo luogo in virtù del fatto di essere "parti" sono parziali, ciò è dovuto ad una frattura.

Ogni parte, come recita il termine in sé, è un frammento, non la totalità di un insieme. Lo dice il nome stesso "partito", la cui etimologia riporta proprio al fatto di non rappresentare un tutto. Ma affinché ci siano delle parti, fra queste parti devono esserci delle fessure, delle crepe, delle divisioni, altrimenti non si sarebbero formate in prima istanza. Queste divisioni che dividono l'insieme (cioè la collettività) in parti, si chiamano *cleavage*.

Questo comporta due cose: che fra ogni parte vi sia un *Cleavage*, cioè una divisione, e che intorno ad ogni cleavage vi siano due, o più parti. Questo avviene sempre in qualsiasi sistema sociale, democratico e non. Ma aggiungiamo un altro dettaglio: anche nei sistemi a partito unico, dove si cerca di risolvere il problema del frazionamento sociale mettendo al bando tutti gli altri partiti, si formano le correnti, che altro non sono che "parti" di un insieme fra le quali vi sono a loro volta delle divisioni. Oggi faremo un viaggio nella genesi del principale *cleavage* umano che ha creato una quantità stravolgente di "pars": pars filosofiche, pars esistenziali, pars religiose e anche pars politiche e partitiche, ultime nate fra queste abbiamo appunto: destra e sinistra!

<u>Vedremo che il Cleavage più importante per spiegare la fenomenologia politica moderna, il "Cleavage-Madre" se vogliamo, ha origine in un quesito banale quanto eterno: l'essere umano è libero di controllare il proprio destino?</u>

Vi è una falsa contrapposizione che anima le piazze da un secolo ma che in realtà non ha un fondamento ideologico bensì geopolitico: infatti, nonostante la suddetta contrapposizione storica, Socialismo e Nazionalismo sono strutturalmente sovrapponibili. Entrambi i sistemi, infatti, postulano la **supremazia della politica sul mercato**, dello Stato sul capitale e della dimensione collettiva su quella individuale. Il socialismo, per gestire collettivamente le risorse, deve necessariamente definire dei confini spaziali come i confini e di classe, la classe buona e la classe cattiva (il 'noi' contro il 'loro'), adottando di fatto un'agenda nazionalistica avente un nemico esterno e un nemico interno ("i nemici della rivoluzione"). In quest'ottica, l'azione politica agisce come un "software" ideologico che tenta di **sovrascrivere** l'hardware economico, ignorando che quest'ultimo non è una mera astrazione contabile, ma l'espressione diretta della **realtà biologica delle risorse e del rapporto che una collettività umana ha in relazione alle proprie risorse**. Ogni organismo, per sopravvivere e replicarsi, deve sottostare alle leggi dell'efficienza: l'economia, nel suo senso più profondo, è la gestione della scarsità energetica necessaria al mantenimento della vita.

Quando la politica tenta di sospendere la **pressione evolutiva** — ovvero quel meccanismo che premia le strategie capaci di ottimizzare le risorse e scarta quelle inefficienti o parassitarie — essa interrompe il processo di selezione naturale dei comportamenti. Eliminando il nesso tra efficienza e sopravvivenza, il sistema smette di correggere i propri errori strutturali. Il risultato inevitabile è un'**asimmetria al ribasso**: poiché produrre ordine ed eccellenza richiede un enorme dispendio di energia, mentre il disordine (entropia) è spontaneo, il livellamento forzato finisce per erodere le basi materiali della collettività e quindi invece di elevare il corpo sociale, si genera un logoramento cronico in cui la ricchezza viene consumata per alimentare la burocrazia del controllo, portando il sistema verso un'implosione dove l'unica variabile equamente distribuita rimane, infine, la scarsità.

Ci siamo lasciati nello scorso capitolo con la bi-direzionalità nel breve e nel lungo periodo fra il potere strutturale e il potere del libero arbitrio: o come li chiamiamo noi, *paradigma della struttura e paradigma dell'azione.*

Ma la questione più importante è il fattore umano, cioè l'interpretazione di questa relazione e le relative conseguenze pratiche e tangibili sul piano politico e sociale.

Nella modernità si sono sviluppate due scuole di pensiero, la prima sostiene che l'elemento strutturale sia prevalente su quello della singola volontà, mentre l'altra scuola di pensiero sostiene che l'ambiente sia un aspetto irrilevante rispetto alla volontà del singolo individuo di incidere sulla propria esistenza.

La dicotomia fra il paradigma della struttura e il paradigma della volontà (o *dell'azione* che dir si voglia) risulta incredibilmente utile per analizzare sotto un'altra prospettiva la quasi totalità dei fenomeni sociali, politici e psicologici.

La questione della responsabilità è l'altra faccia della medaglia della libertà: se si accetta che un individuo sia libero allora tutte le sue azioni saranno di sua diretta responsabilità. Se invece il libero arbitrio non esiste, allora non ha senso ritenere le persone responsabili delle proprie azioni, in quanto queste non avevano scelta se non agire per come hanno agito, e se non hai scelta non sei libero.

Come faccio io ad essere responsabile delle mie azioni quando le mie azioni non dipendono da me ma dipendono da altri fattori, quindi da fattori ambientali e strutturali? Come posso essere ritenuto colpevole di un crimine quando in realtà è stato il mio contesto sociale a portarmi in quella direzione?

> Possiamo quindi dedurre che:
> **maggiore** si fa la scala di riferimento e più diventa sensato il paradigma della struttura (nei grandi numeri gli esseri umani come singoli tendono a scomparire e si comportano tutti ben o male in modo prevedibile),
> **minore** si fa la scala e più il paradigma dell'azione prevale diventando uno strumento analitico di maggior utilità (in quanto nei piccoli gruppi l'importanza del singolo si deflaziona diventando di conseguenza più incisiva).

Infatti, coerentemente con quanto spiegato finora, all'ingrandirsi del gruppo sociale diminuisce il senso di responsabilità personale e si possono manifestare i primi atteggiamenti di gruppo. A tal riguardo la saggistica prodotta da Freud e LeBon possono essere un ottimo approfondimento.

> <u>La responsabilità individuale è inversamente proporzionale alla grandezza del gruppo.</u>

Nella pratica empirica come si manifesta? La dicotomia fra struttura e libertà, fra esteriorizzazione ed interiorizzazione è sempre esistita e le varie forme che può assumere sono ugualmente sovrapponibili l'una con l'altra, questo poiché localizzano tutte la stessa cosa: la posizione del potere fra un individuo e il suo contesto.

Perché a sinistra prevale il principio di giustizia sociale mentre a destra prevale di più il principio di libertà?
Perché a sinistra prevale il senso di rieducazione del detenuto, nonché misure volte e depenalizzare i crimini mentre a destra è più comune l'idea della punizione e della legittima difesa?

Quando si discute di un reato, l'uomo medio di destra probabilmente esclamerà che serve una dura punizione, mentre l'uomo medio di sinistra probabilmente cercherà di capire in quale contesto il criminale abbia vissuto per arrivare a commettere il reato. Questi sono esempi chiari di esteriorizzazione ed interiorizzazione ed è il motivo di queste posizioni.

Chi crede che un individuo abbia libero arbitrio è portato a volere premiare chi si comporta bene e punire chi si comporta male e sulla stessa falsa riga si fa tutore dei diritti di proprietà dell'individuo. Non per nulla l'individualismo affonda le proprie radici proprio nel pensiero "di destra".

Mentre chi sull'altro versante si rifà al paradigma della struttura tenderà a colpevolizzare l'ambiente socio-economico e non l'individuo, in quanto esso non può essere ritenuto pienamente responsabile delle proprie azioni. Sempre sulla stessa falsa riga il collettivismo, così come il welfare State affonda le proprie radici nel pensiero "di sinistra". Da quest'ultimo esempio ne consegue che non essendoci persone meritevoli o persone non-meritevoli, tutti tendano all'uguaglianza.

Il principio dell'uguaglianza nato in termini generali come uguaglianza di opportunità in seno allo ius naturalismo, subisce una torsione evolutiva dal proprio interno durante la sua evoluzione nei secoli e oggi è componente attivo del paradigma della struttura con, però, una grande differenza semantica: da uguaglianza di opportunità si è evoluto in uguaglianza di risultato (input equality vs output equality).

Per il paradigma dell'azione ogni uomo ha libertà di determinare il proprio destino ergo ogni uomo sarà diverso dall'altro, ogni uomo sarà un individuo responsabile delle proprie azioni, che fa della propria diversità un pregio quindi passibile di premi e punizioni. Di merito e demerito.

Da quest'ultimo esempio ne nascono l'individualismo e la meritocrazia, che contrariamente a quanto si possa credere indicano una società di diseguali, non di eguali, quindi si rifanno al modello dell'azione.

Ed ecco che il nostro mosaico inizia a prendere forma e svelare i primi paradossi: uguaglianza e meritocrazia sono agli estremi opposti, così come sono agli estremi opposti giustizia sociale e libertà individuale.

Ovviamente sono possibili sfumature di grigio, ricordiamo che questo è un modello fra due principi opposti fra cui sono possibili delle sfumature. A livello politico, esteriorizzazione ed interiorizzazione assumono i nomi di "collettivismo" ed "individualismo". Il collettivismo, nato dal paradigma della struttura, ha la sua origine sul continente europeo; mentre l'individualismo, nato dal paradigma dell'azione, ha la sua origine nel mondo anglofono, cioè fra britannici e statunitensi.

Ma prendiamo ad esempio lo sport mettendo a paragone il football americano e il calcio: questi due sport in molti punti rispecchiano le differenti mentalità fra europei ed americani. Gli europei, più inclini al paradigma della struttura prediligono il calcio. Cosa avviene ai calciatori quando subiscono un torto? Interviene l'arbitro. La punizione è data dall'arbitro, quindi da una struttura. L'arbitro tutela i diritti dei "poveri" calciatori. Ebbene qual è l'incentivo per il calciatore in presenza di una struttura? Quello di buttarsi a terra ed esagerare il torto subìto. Questa è una forma deresponsabilizzazione, in cui il calciatore si avvale della struttura al fine di averne un guadagno proprio illecito.

E' facile vedere calciatori contorcersi accusando dolori atroci quando nel football americano gli stessi contraccolpi fanno parte della routine. Ed ecco che si vede un tipo di mentalità diverso: nel paradigma dell'azione come nel football non c'è struttura, se un giocatore si fa male sono affari suoi, nessuno lo tutela tranne casi di eccezionale gravità, ergo la persona che cade si rialza senza fare troppe storie. Se cado, la colpa è mia che non sono stato forte: interiorizzo. Mentre, all'opposto, per il calciatore la colpa non è di essere debole, bensì di colui che l'ha fatto cadere. Semplificando è chiaro come concettualmente il football americano strizzi l'occhio al paradigma dell'azione mentre il calcio strizzi l'occhio al paradigma della struttura, che poi è esattamente la contrapposizione fra modello americano, individualistico, meritocratico e diseguale, e quello europeo, più strutturalista ed incline ad uguaglianza e giustizia sociale. Da questo se ne ha che l'interventismo e lo statalismo sono caratteristiche tipiche del pensiero collettivista che fa capo a quella comunemente definita sinistra e tutte le diramazioni socialiste.

Molti fra i lettori sicuramente ricordano la frase *"Ciò che è reale è razionale – ciò che è razionale è (o deve essere) reale."* Forse tutti ricorderanno come questa celeberrima frase sia propria di Hegel, tanto amato quanto odiato filosofo. Eppure a lui dobbiamo la prima categorizzazione embrionale della destra e della sinistra così come concettualizzata oggi.

Hegel contempla le due parti, che insieme fanno il tutto. La prima parte della suddetta frase sostiene che ciò che già esiste al mondo ha un suo perché, è razionale. Questa è una posizione socialmente passiva, tipica della struttura dell'azione che non vede nella società un elemento a cui dare troppa importanza. Se qualcosa esiste, vuol dire che deve esistere. Mentre l'altra parte della frase "ciò che è razionale è reale" ci dice che ciò che è razionale a livello mentale, ideologico, deve esserlo anche a livello reale, tangibile. Da qui nasce l'importanza che la sinistra dà alla rivoluzione un tempo e all'ingegneria sociale oggi.

Notate l'apparente contraddizione. Finora abbiamo dipinto il paradigma dell'azione come quello più attivo, mentre quello della struttura come quello passivo, che guarda lo scorrere delle cose aspettando il proprio destino.

Ma quando questi due paradigmi vengono traslati dal piano filosofico al piano reale, le cose assumono altre sfumature; infatti, il paradigma dell'azione reputa l'individuo così importante rispetto alla società, che della società semplicemente bisogna occuparsi il meno possibile: la società è il frutto dell'azione di tutti gli individui messi insieme, esattamente come il mercato: una mera bilancia che somma tutti bisogni e le azioni economiche umane. Quindi la destra ha storicamente un atteggiamento passivo o addirittura ostile verso la società intesa come struttura prevalente.

Ricordiamo ad esempio l'avversione della destra americana e inglese verso lo Stato: meno ce n'è e meglio è. Di contro invece, gli aderenti al paradigma della struttura si rifanno ad un pensiero collettivista. L'individuo è un numero uguale agli altri, non è importante di per sé, ma assume un valore in base al contesto socio-economico in cui egli vive. Ecco perché, contrariamente a quanto ci si potrebbe aspettare, la sinistra è storicamente molto prolifica sul sociale. L'atteggiamento che la sinistra ha verso la politica è molto attiva e particolarmente interventista perché è convinta che l'individuo sia il frutto della società e non viceversa: quindi se vogliamo migliorare le condizioni individuali vanno migliorate le condizioni sociali, e qua arriva lo spoiler sui regimi comunisti che forse hanno preso troppo alla lettera queste considerazioni anche a discapito della libertà degli individui.

Il comunismo non è un errore della storia e non regge nemmeno l'ipotesi che sia stato applicato male, anzi, è stato applicato troppo alla lettera.

Adam Smith nella "Ricchezza delle nazioni" spiega come il centro della società e di tutta la storia umana sia l'economia e non lo Stato. Analizza inoltre come i prezzi dipendano dal mercato, il quale è la massima espressione dell'aggregato umano che va oltre qualsiasi confine statale.
Ma cosa più importante egli dice è che "se abbiamo il pane a tavola non è per la magnanimità del panettiere, poiché il panettiere ha soddisfatto un proprio bisogno": la ricchezza è quindi data dal fatto che tutti noi cerchiamo di soddisfare il nostro egoismo, dentro certe

regole reciprocamente accettate. Ciò significa che la ricchezza dipende non da quanta ricchezza ci viene data dall'esterno, ma da cosa noi come individui siamo disposti a dare in cambio per avere altre merci o altri servizi. Ciò che spinge l'economia è il lavoro e l'interazione del lavoro si chiama mercato. Marx nel proprio contributo alla conoscenza formula un sistema dialettico riprendendo ed ampliando Hegel, si può infatti dire che **sia stato Marx a rendere politica la questione di destra e sinistra**. Egli sostiene infatti che la società si divida in struttura e sovrastruttura. La struttura è ovviamente l'economia, cioè la scienza che soddisfa i nostri bisogni materiali, come riscaldarci e mangiare, ed è quindi dall'economia che dipende tutto il resto. Diritti, cultura, religione e politica sono sovrastrutture che dipendono dall'economia.

Come vediamo entrambi sostengono l'importanza dell'economia come scienza fondamentale ma, il primo – Smith – sostiene che la ricchezza provenga dal contributo di ogni individuo (paradigma dell'azione quindi) mentre il secondo – Marx – sostiene che sia il rapporto di produzione, ergo una struttura che esula dal singolo lavoratore ad aumentare il benessere.

Per Marx l'individuo dipende dalla struttura economica, per Smith la struttura economica altro non è che la somma delle azioni dei vari individui. Qui vediamo chiaramente espressa la funzione presentata nel precedente capitolo: da un lato la struttura è più importante dell'individuo mentre dall'altro lato l'individuo è più importante della struttura.

Le conclusioni sono quindi che secondo Marx ci debba essere un impegno attivo al fine di cambiare la struttura, mentre la conclusione di Smith è che lasciando libero l'ingegno ed il lavoro umano questi sono perfettamente in grado di creare una maggiore ricchezza soddisfacendo semplicemente le proprie necessità. È implicito come Smith abbia una alta considerazione dell'essere umano.

Tornando al falso cleavage prima menzionato, il comunismo può essere riletto come una forma di **nazionalismo imperiale**. Può essere inquadrato come "nazionalismo" perché mantiene la struttura centralizzata, burocratica e collettiva dello Stato-nazione; è "imperiale" perché, per non soccombere alla competizione con sistemi diversi, deve rendere il proprio modello universale avendo una chiara funzione evangelizzante: come gli imperi multietnici c'è un ceppo dominante in termini di etnia o di classe economica (e spesso queste due si sovrappongono). L'imperialismo comunista è il tentativo di eliminare la "varianza" esterna per evitare che le proprie dinamiche interne siano visibili dal confronto con sistemi differenti. Esso adotta uno schema sociale strutturalista analogo a quello del cattolicesimo volgare: l'individuo è una cellula sacrificabile di un corpo unico, priva di responsabilità poiché mossa da forze (economiche o divine) che non controlla.

Interventismo e statalismo, così come il collettivismo, si rifanno alla dottrina sociale, mentre il "lasciar fare" (*lasseiz faire*) e la tutela delle libertà individuali appartengono storicamente alla dottrina liberale classica, chiamata destra.

Questa descrizione potrebbe fare storcere l'occhio ad alcuni lettori italiani i quali sono abituati a chiamare "destra" ideologie fortemente collettiviste e dichiaratamente anti-individualistiche come il fascismo.

Motivo per cui la destra ha tendenza a imporre obblighi e divieti, che pongano freno al libero agire umano, mentre la sinistra ha l'uguale tendenza di senso opposto, ovvero volere imporre un diritto ogni qualvolta vi sia un bisogno, per garantire una vita dignitosa agli esseri umani i quali non sono padroni del proprio destino.

Questa confusione è prettamente storico-linguistica, il fascismo ha infatti in seno tutte le proprietà appartenenti al paradigma della struttura, ma per convenzione ormai consolidata è definita "estrema destra". Questa definizione però molto semplicistica, può andare bene per un discorso informale, ma va rigettata sotto una lente scettica e analitica.

Questo breve saggio non si pone l'obiettivo di essere esaustivo, ma di porre dei paletti fermi e solidi su cui riprendere un dibattito scientifico in seno all'umanistica e alle scienze sociali e politiche. Sarebbe d'altronde impossibile essere esaustivi visti i temi trattati, che spaziano dalla politica alla sociologia, dalla psicologia alla microeconomia, dalla macroeconomia alla geopolitica e dalle relazioni internazionali alla storia delle dottrine politiche.

Tuttavia riteniamo interessante potere concludere questo breve percorso con una ultima grande domanda.
Perché esiste un così netto divergenza storica fra collettività Occidentali cattoliche ed Occidentali protestanti?

Una risposta la possiamo trovare in "Etica protestante e lo spirito del capitalismo", è questo il titolo dell'opera fondamentale di Max Weber in cui egli rintraccia il motivo per cui la rivoluzione industriale ebbe luogo in Gran Bretagna e non in Francia, nonostante quest'ultima fosse più ricca e più demograficamente massiccia.

Il punto della questione ricalca esattamente la discussione che finora abbiamo intrattenuto nelle righe precedenti:
se Dio conosce il nostro destino, come possiamo noi avere libero arbitrio?
Stessa Bibbia, ma due interpretazioni radicalmente diverse.

La lettura volgare del cattolicesimo così come assorbita nella coscienza di massa nei secoli, sostanzialmente sostiene che i meriti delle nostre azioni siano da attribuire a Dio e i nostri demeriti a Satana, in questo modo il fedele è privo di responsabilità fino al punto che le punizioni medievali come l'essere arsi vivi, non erano per punire l'individuo bensì per purificare la sua anima dal diavolo, un nemico esterno (esteriorizzazione). Come vediamo, l'individuo è un suddito uguale a tutti gli altri che assiste passivamente allo scorrere del volere di Dio.

I calvinisti ribaltano totalmente questa interpretazione: dato che il mio destino è già scritto, la vita è una corsa al raggiungere il maggior livello di ricchezza possibile. Si chiama "principio del destino manifesto": ciò che un individuo riesce a guadagnarsi durante la propria vita è un assaggio del destino che gli spetta nell'oltretomba. Anziché interpretare l'esistenza del destino con rassegnazione e vuoto esistenziale, i calvinisti ne trovano spinta e incentivo. Da una sorta di nichilismo religioso ad un esistenzialismo religioso. Nel calvinismo il rapporto che l'individuo ha con la vita è invertito: nella speranza di aggiudicarsi un posto comodo su in paradiso egli dà il meglio di sé durante la vita, che è manifestazione di quanto lo attenda nell'oltretomba. Questo spiega il profondo individualismo e il rapporto diretto che i protestanti hanno con la religione, caratteristiche assenti nella cultura cattolica percepita dalla massa.

Focus, l'economia è una torta a somma zero?

Esiste un concetto molto presente nell'opinione pubblica che vorrebbe, in egual modo tra audience di destra come di sinistra, che il guadagno di uno sia un impoverimento altrui. Questa è una antichissima concezione dell'economia che ha radice nel mercantilismo del Settecento, che poi viene magistralmente smontata da Hume[2]: la concentrazione di ricchezza è un male, non la sua circolazione: lo scambio aumenta la ricchezza generale (*Price-Specie Flow Mechanism*). Questo mito dell'economia a torta, per il quale il guadagno di uno è la perdita di un altro, è però duro a morire nonostante tre secoli di smentite. Per quanto questo possa far soffrire lo spirito di Hume, dobbiamo continuare a parlarne, in ottica moderna però. Il problema di quello che potremmo definire "economia a torta" non risiede nella mera presenza di individui ricchi, ma nel blocco della **circolazione di denaro tramite il lavoro**. In un sistema sano, l'azienda deve essere intesa come un'attività **lavorativa** (generatrice di valore e circolazione) e non come un'attività **estrattiva** (puro drenaggio di risorse senza redistribuzione sistemica). Quando il modello estrattivo prevale su larga scala, si genera un problema di tenuta dell'intero sistema economico: la

---

[2] David Hume visse tra il **1711 e il 1776**. Fu amico stretto di Adam Smith e influenzò profondamente "La ricchezza delle nazioni" (1776). Le sue opere economiche principali, come i *Discorsi Politici* (1752), precedono di oltre vent'anni il capolavoro di Smith.

ricchezza smette di fluire, la torta non viene più spartita tramite la prassi del lavoro e la società scivola verso asimmetrie al ribasso che alimentano il conflitto sociale. Il problema che al mondo si sente maggiormente oggi non è dato dall'oligopolio delle bigtech, ma di come il rapporto tra concentrazione di potere e creazione di posti di lavoro, sia tendenzialmente non incoraggiante. Per fare un esempio, i grandi monopolisti delle prime concentrazioni mercantilistiche detenevano un potere finanziare smisurato, ma la tecnologia obbligava le stesse compagnie a dovere distribuire i loro guadagni tramite la domanda di lavoro.

In sintesi, il modello **EEI** rivela che un'economia estrattiva, bloccando la circolazione del valore, azzera l'**Indice di Autorigenerazione (*AR*)** del sistema. Quando il lavoro umano smette di mediare tra l'interesse del singolo (**Nash**) e la tenuta del gruppo (**Pareto**), l'istituzione perde la sua **Aderenza alla Natura (*Hn*)** e collassa inevitabilmente sotto il peso della propria inefficienza evolutiva.

E' sul rapporto tra domanda di lavoro e concentrazione di potere (lette insieme) che ci saranno i futuri stravolgimenti sociali. Non sulla mera concentrazione di ricchezza. Per buona pace di David Hume.

Conclusioni

L'ingegneria sociale, perpetrata sia da esponenti di destra che di sinistra, è in realtà un concetto la cui matrice trae legittimazione da un pensiero strutturalista: per cambiare l'individuo va cambiata prima la struttura. Ma cosa succede se a voler cambiare la struttura sia un individuo che non riesce neanche a gestire la propria esistenza individuale?

Si tratta di un "free-riding" che si morde la coda? Probabile ma non determinabile.

Alla fine di questo capitolo possiamo notare un paradosso ironico: la dottrina comunista, che più di ogni altra dottrina si contrappone alla religione, adotta uno schema sociale strutturalista esattamente come la Chiesa Cattolica.
Ironia della sorte? Probabile ma non determinabile.

Epilogo, contraddittorio e consigli analitici e metodologici

1. Gli errori dell'analista

Ho deciso di sfruttare l'uscita di questo primo volume per inserire in queste ultime pagine una critica alla metodologia sovente adoperata – o sarebbe meglio dire "alla metodologia non adoperata" - nelle scienze sociali esprimendo da un lato una critica al metodo che inficia all'origine una grande quantità di lavori e analisi compiute da colleghi analisti, con grande spreco di lavoro e di intelligenza.

Essendo l'umanistica una scienza perennemente di frontiera, a parer di chi scrive, non possiamo permetterci il lusso di cadere in analisi tautologiche, analisi riverenti nei confronti di ideologie politiche, o analisi che strizzano l'occhio alle mode del momento.

Nell'incertezza che le democrazie occidentali affrontano e nella diffusa incapacità di discernere il vero dal falso, la soluzione non può che risiedere, a mio avviso, nel metodo scientifico, nel dialogo argomentato e nella metodologia.

Inizierò questo epilogo elencando la principale piaga della ricerca sociale: i *bias*.

I bias, o errori sistematici, sono molto comuni nella ricerca sociale e possono influenzare i risultati in modi significativi. Ecco alcuni tipi comuni di bias presenti nella metodologia di ricerca sociale:

1. **Bias di selezione**: Si verifica quando i partecipanti allo studio non sono rappresentativi della popolazione generale, compromettendo la generalizzabilità dei risultati. Questo può accadere, ad esempio, se viene utilizzato un campionamento

non casuale o se i partecipanti scelti volontariamente differiscono sistematicamente dalla popolazione di interesse.

2. **Bias di conferma**: Questo si verifica quando i ricercatori tendono ad interpretare o ricordare le informazioni in modo selettivo, confermando le loro ipotesi preconcette. Può portare a un'interpretazione distorta dei dati o a un'analisi selettiva che supporta erroneamente le ipotesi di ricerca.

3. **Bias di informazione**: Si verifica quando le informazioni raccolte durante lo studio sono inaccurate o incomplete, spesso a causa di errori di misurazione o di problemi nel processo di raccolta dati. Questo può compromettere la validità dei risultati e portare a conclusioni errate.

4. **Bias di risposta**: Si verifica quando i partecipanti forniscono risposte in modo distorto o inaccurato, spesso a causa di pressioni sociali, desiderabilità sociale o problemi di memoria. Questo può influenzare la validità e l'affidabilità dei dati raccolti.

5. **Bias del ricercatore**: Si verifica quando i ricercatori influenzano involontariamente i risultati dello studio a causa delle proprie convinzioni, aspettative o comportamenti. Questo può accadere durante la raccolta, l'analisi o la presentazione dei dati e può introdurre distorsioni nei risultati.

6. **Bias temporale**: Si verifica quando ci sono cambiamenti nel fenomeno di interesse nel corso del tempo che influenzano i risultati dello studio. Questo può avvenire se i dati vengono

raccolti in momenti diversi o se esistono tendenze temporali che influenzano le variabili di studio.

7. **Bias di pubblicazione**: Si verifica quando ci sono differenze sistematiche tra gli studi pubblicati e quelli non pubblicati, spesso a causa della tendenza a pubblicare risultati positivi e significativi, mentre si omettono o si ignorano risultati negativi o non significativi. Questo può portare a una visione distorta della ricerca complessiva su un determinato argomento. Nonché, nei casi più gravi, può portare alla rimozione dall'immaginario collettivo di fenomeni realmente avvenuti.

Questi sono solo alcuni esempi dei numerosi tipi di bias che possono influenzare la ricerca sociale. È importante che i ricercatori siano consapevoli di questi bias e adottino strategie per mitigarli durante la progettazione, l'esecuzione e l'interpretazione dello studio.

Un errore metodologico frequente risiede nella confusione tra **attivismo e divulgazione**. L'attivismo è la *longa manus* dell'ideologia: esso procede per slogan e causalità finalistiche aprioristiche, piegando la fenomenologia a un fine morale prestabilito. La divulgazione scientifica, invece, è la *longa manus* delle scienze: essa procede per argomentazioni e accetta il feedback della realtà, anche quando questo confuta i desideri morali del ricercatore. L'analista deve spogliarsi della veste dell'attivista, poiché agire per 'buoni istinti' senza solide basi conoscitive produce solitamente risultati controproducenti per il sistema che si vorrebbe difendere.

Perché la de-umanizzazione delle scienze umanistiche sia efficace, l'analista deve adottare un rigore logico che non lasci spazio alla soggettività, basandosi sul Criterio di Verità Universale. In un sistema di analisi dei sistemi complessi, un asserto universale è considerato vero solo quando il suo opposto è logicamente o fisicamente impossibile[3]. Questo criterio serve a definire le costanti della natura umana: quelle variabili strutturali (come la necessità di energia per mantenere un sistema vivente o la competizione per una risorsa scarsa) che non possono essere diverse da come sono senza annullare la definizione stessa di realtà.

---

[3] Il riferimento è alla distinzione operata da Gottfried Wilhelm Leibniz (1646-1716) tra **verità di ragione** e **verità di fatto**. Mentre le seconde sono contingenti e legate all'esperienza, le prime sono caratterizzate dalla **necessità logica**: un asserto è necessariamente vero se il suo opposto implica una contraddizione insolubile (Principio di Non-Contraddizione). In questo contesto, l'analisi dei sistemi complessi applica la logica leibniziana per identificare i vincoli strutturali trattandoli non come variabili d'opinione, ma come costanti la cui negazione renderebbe fisicamente o logicamente impossibile l'esistenza stessa di quella specifica realtà osservata.

2. Critica alla ragione umanitaria nelle analisi belliche

In tempi di guerra l'informazione che arriva all'audience è necessariamente filtrata dai media. Essa però non giunge al fruitore in formato analitico, bensì in formato giornalistico. Lungi dal voler pretendere una informazione imparziale, si vuole però in questa sede mettere in risalto la natura fallace della mediazione informativa a cui siamo sottoposti. La logica giornalistica infatti impone che l'informazione sia resa attrattiva e così facendo i media cadono vittima della strumentalizzazione. Oggi più che mai, i media sono strumento di guerra e non mero vettore di informazioni. La propaganda è sempre esistita e i media anche di questo ne sono stati i massimi autori. Ma oggi la guerra non è più convenzionale, è ibrida a tutti gli effetti. Questo comporta che mentre nelle guerre convenzionali le azioni militari erano preponderanti e i media avevano uno scopo principalmente dichiarativo o legittimante, oggi i media sono preponderanti rispetto alla campagna strettamente militare.

> Guerra ibrida: guerra il cui scopo non è la vittoria militare, ergo non si ricerca un contenimento della violenza in un apice massimo con battaglie decisive, bensì una vittoria sociale. La sua natura è per naturalmente orizzontale, volta a conquistare l'opinione pubblica e seminare il dubbio nella popolazione avversaria. Se la guerra convenzionale ha come oggetto gli eserciti, la guerra ibrida ha come suo oggetto le popolazioni. Può dirsi per ossimoro della sorta, una guerra particolarmente democratica.
>
> In questo modello di guerra non ci sono civili distinti dai

soldati, ma sono tutti chiamati in causa, anche coloro che assistono alla guerra dalle proprie case tramite i giornali: sono anche loro - lor malgrado - soldati inconsapevoli della guerra oggetto di attenzione da parte degli attori bellici primari. La guerra ibrida esula dai canoni, dalle categorizzazioni del diritto militare e dei crimini di guerra.

Nelle guerre ibride il principale metodo adoperato per suscitare sensazionalismi è la strumentalizzazione dei morti. Tralasciando il vilipendio che si compie sulle spalle di chi perde la propria vita, questa modalità configura molteplici pericoli di natura cognitiva in quanto, come anticipato prima, diventa essa stessa un'arma. Infatti, la continua e martellante conta delle vittime civili altera la percezione del conflitto e il supporto che la popolazione dà ad esso. La guerra ibrida, avvalendosi dei media, rende vittorioso l'attore più spietato che riesce a mostrare un conto più alto di vittime civili. Poco importa dell'esito militare sul campo: l'importante è piegare l'opinione pubblica nelle proprie contraddizioni e nei propri sensi di colpa.

In questo contesto di guerra ibrida, il termine **genocidio** viene spesso utilizzato come proiettile mediatico, svuotandolo della sua natura giuridica. Tecnicamente, il genocidio richiede un **dolo speciale**: la volontà sistematica di distruggere un gruppo etnico per caratteristiche ascritte, in una condizione in cui la vittima è obbligatoriamente insensibile a scelte politiche, cioè il proprio comportamento politico non altera l'esito genocida. Utilizzare tale categoria per descrivere contesti dove l'azione bellica è legata a contingenze militari (come la presenza di ostaggi o l'uso di scudi umani) è un errore analitico che confonde l'orrore della guerra con un programma di sterminio programmatico.

Ecco perché, da un punto di vista prettamente analitico, il numero di morti civili come fattore assoluto e a sé stante è reso strumento di guerra anche se, contrariamente a quanto la vulgata comune crede, è irrilevante.

A scanso di equivoci, si rimarca quanto affermato: umanamente la perdita di vite civili è una tragedia, questo però non lo rende un fattore rilevante ai fini dell'analisi in senso stretto. Infatti, essendo i defunti fotografati essi stessi i proiettili della guerra, la loro considerazione in termini analitici deve essere circoscritto all'irrilevanza analitica. Le sofferenze umane, incluso quindi il decesso, sono un metro di misura morale degli attori. Ma perché?

Perché quindi i danni e le sofferenze dei civili in guerra sono un parametro che oscilla dall'inutile al pericoloso? Vi sono alcune ragioni:

A) Soggettività: fare leva sulla sofferenza espone l'analisi a un altissimo grado di soggettività. Qualsiasi fenomeno la cui proprietà principale è soggettiva, risulta intrinsecamente invalida come variabile scientifica, in quanto appunto non oggettiva.

B) Moralistica: danni e sofferenze espongono l'analisi che le prende in considerazione a giudizi di valore ed etiche opinabili, anche queste scientificamente irrilevanti.

C) Sensazionalismo: i danni ai civili e i fanciulli in lacrime sono atti a vendere copie più che a voler semplicemente riportare un fatto catastrofico. Inoltre, lo spiccato sensazionalismo si imprime nella memoria creando una estrema polarizzazione nonché futuri *casus belli* utili a proseguire gli scontri anziché limitarli.

D) Universale: la sofferenza umana è universale, esiste da un lato come dall'altro. Ergo, essa si riequilibra tornando a uno stato di neutralità. Non esiste un uomo che, a parità di condizioni, soffre di più di un altro per definizione, e anche se fosse, non sarebbe misurabile quindi nullo ai fini analitico-cognitivi.

Questo modo di fare informazione, cinico, spietato e volutamente strumentale non fornisce elementi utili a comprendere la guerra: *non spiega le cause, non spiega le responsabilità che hanno portato alla guerra, non spiega i fattori strutturali che hanno portato alla guerra, non spiega quali siano i rischi per chi non è stato ancora coinvolto nel conflitto, non spiegano quali siano le probabili soluzioni per il conflitto.*

Ciò che invece l'utilizzo strumentale e mediatico della sofferenza umana crea è un fenomeno contorto chiamato "competizione al ribasso". Conosciuto in economia come Modello di Bertrand, rappresenta quel meccanismo che reca maggior beneficio a chi (indirettamente) abbassa i propri ricavi, questo meccanismo traslato nel mondo militare fa sì che non sia più l'attore né più forte né più virtuoso a vincere: vince invece l'autore che riesce a portare più cadaveri davanti i grandi schermi internazionali.
La guerra ibrida non viene vinta dal più forte, ma da chi suscita più compassione, perdere non è più un male, può anzi diventare un bene.

Chi perde e chi si si nasconde dietro scudi umani ha con molta probabilità la vittoria politica in mano.

Inoltre, va aggiunto che il numero di vittime non è fisicamente quantificabile in itinere. Il numero di vittime e l'ammontare dei danni può essere fatto solo diverso tempo che ciò è avvenuto. Questo per quanto concerne i conflitti tradizionali detti "convenzionali" dove due eserciti di soldati professionisti si schiera. Per quanto concerne invece la guerra ibrida, occorre ribadire un concetto nuovamente: le vittime sono esse stesse un'arma e fungono da macabro trofeo da esporre, pertanto, nella predetta logica ribassista è interesse degli attori aumentare a dismisura il numero di morti. Anziché essere causa di vergogna e disonore, un buon numero di vittime civili garantirà un ottimo risultato politico.

Capiamo quindi che uno schema interpretativo che tenga in considerazione la sofferenza umana come metro di misura, non reca alcun vantaggio analitico, non risolve la guerra e anzi, se ne fa attivamente strumento.

3. Critica alla ragione della dualità morale

Altro avversario dell'analisi politica è la ragione della dualità morale, la quale si traduce nella vulgata comune nella logica dicotomica del "oppressore vs oppresso", il forte contro il debole, che di conseguenza si traduce a sua volta per qualche ignota ragione nella proporzione *forte:male = debole:buono*.

Questa dicotomia valoriale rispecchia quella che Nietzsche chiamava "la morale dello schiavo".
Orwell diceva che il socialista medio non amava veramente i poveri, odiava semplicemente i ricchi.
Questa dialettica odio-moralità sarà centrale. Tale retorica dà infatti alla gente comune la licenza di identificarsi come *moralmente superiore* semplicemente definendo l'oppressore e potendo su di esso scaricare tutto l'odio e il disprezzo possibile, mantenendo inalterata la propria moralità, che in altre circostanze sarebbe stata profondamente lesa dalle azioni perpetrate.
Questo è il principale motivo per cui questa logica trova tanto successo nella narrazione comune più di qualsiasi altra narrazione, poiché rende possibile la fuoriuscita dei peggiori istinti animali senza ledere la propria presunta superiorità morale. Si presta benissimo anche nella logica delle masse quando si mobilitano alla ricerca di un nemico comune.

Inoltre, presenta un ulteriore vantaggio che la rende popolare: la semplicità. Questa semplicità rende questa logica fallace, in primis teorizzata da Marx, adattabile a qualsiasi tempo e contesto. La pretesa che quindi tale narrazione del mondo propone è quello di potere spiegare il passato e presente dividendo l'essere umano in categorie: oppressori e oppressi, in cui gli oppressi sono delle vittime e, come tali, ricoprendo solo ed esclusivamente tale ruolo, sono anche intrinsecamente innocenti.

Viceversa l'oppressore è intrinsecamente il male. Ciò presenta dei grossi problemi etici, nonché una totale nullità analitico-scientifica, poiché la sua suddivisione è mutuamente escludente, vale a dire che la vittima è solo vittima e l'oppressore è solo oppressore, scartando a priori una coesistenza di ruoli nel medesimo attore. Guardando il mondo sotto la logica oppressore-oppresso, l'uomo *sedicente savio e giusto* deve solo compiere un'azione: identificarsi con l'oppresso.

Le conseguenze di ciò sono che una volta auto-proclamata la propria superiorità morale in quanto identificato con la vittima, pensare e riflettere diventa superfluo: non serve pensare quando hai già il vantaggio morale. L'agire umano a sostegno di chi soffre si interrompe ed è sufficiente provare pena e compassione per la vittima. Ergo, colui che nella percezione della massa ricopre suo malgrado il ruolo di forte, avente successo o oppressore, essendo intrinsecamente il male, può essere oggetto di qualsiasi barbarie compiuta in nome di un bene più grande.

Riflessione:

In questa dinamica di scontro, un pericolo sottovalutato è la tendenza a **confondere gli interessi con i diritti**. Questo slittamento terminologico non è casuale, ma rappresenta una strategia di **moralizzazione del conflitto** che si applica tanto alle istanze sociali interne quanto alle contese internazionali. Mentre gli interessi hanno una natura palesemente di parte e non godono di una particolare protezione etica, i diritti portano linguisticamente con sé una taratura morale elevata. Spacciare interessi economici, politici o geopolitici per 'diritti universali' permette di ammantarli di una carica bellica sproporzionata, mascherando l'obiettivo reale dietro il velo di un atto dovuto o di una necessità morale.

Dobbiamo però compiere una distinzione eziologica profonda: le vere norme, quelle nel senso proprio, etimologico del termine, non nascono come espressioni manifeste di un interesse momentaneo, ma traggono origine dal **nomos**, ovvero dal costume e dalla prassi consolidata nel tempo. In un'ottica di frontiera, le norme sono un **sistema tradizionale sedimentario**; esso è la cristallizzazione di comportamenti sociali che, reiterati e ritenuti legittimi, diventano regole di condotta spersonalizzate volte a ridurre il costo della convivenza.

La maggior parte di ciò che noi consideriamo un diritto è in realtà è una capacità di provvedere ad istanze sociali provenienti da interessi di parte oppure la capacità di una istituzione di allocare beni e servizi.

4. Critica ai filtri ideologici

Metafisicamente premettendo che la comprensione del mondo è in ultima istanza una percezione e in quanto tale non può che essere soggetta in qualche misura ad un filtro sensoriale, i filtri ideologici sono di grande invasività e ricoprono meccanismi analoghi a quelli descritti nella fallacia della logica duale morale.

Essendo l'ideologia storicamente figlia della secolarizzazione nonché quindi successore del ruolo sociale anteriormente occupato dalla religione, la sua natura è tendenzialmente statica. La realtà invece no.

Infatti, quando l'ideologia si prefigge il compito di decifrare la realtà fornendo un unico e immutabile schema di comprensione dello scibile umano, solitamente, si incorre in catastrofi.

Questo perché se potenzialmente, quando formulata, l'ideologia presenta un alto grado di attendibilità, questa attendibilità cala al variare del contesto storico in quanto il contesto varia, mentre l'ideologia resta statica. Questo provoca uno scollamento che qua verrà definito come "distacco ideologico".

Il distacco ideologico va analizzato in fasi e in scale. Le scale presentano tre modalità, cioè la dimensione personale (ideologia personale), la dimensione sociale (ideologia diffusa), la dimensione istituzionale (ideologia ufficiale statale). Il flusso ideologico ha ovviamente origine nella prima e man mano si espande verso scale più ampie le quali poi impongono questo filtro interpretativo nuovamente alla scala personale facendo ripartire il ciclo di auto-conferma. In scala personale e sociale, un utilizzo estensivo dell'ideologia solitamente porta nel lungo termine ad uno stato di disillusione e smarrimento valoriale.

Le fasi invece riguardano l'aspetto diacronico, vediamo infatti che le ideologie quando sono appena sviluppate presentano un grande livello di attendibilità in quanto aderiscono alla realtà nonostante la loro natura dogmatica; questa capacità di essere coerente con la realtà viene però meno al crescere del "distacco ideologico". Tuttavia il calare dell'attendibilità non diminuisce il valore socialmente percepito che essa ha. Ciò, analogo a quello che gli etologi definiscono *"ant mill"* (cioè la spirale mortale delle formiche), costituisce una trappola sociale. Infatti, quando la realtà – nella fase mediana della propria evoluzione – si inizia a distaccare dall'ideologia, quest'ultima prevale: si tenta in ogni modo di alterare la realtà, di negare la realtà o di invertirne il significato al fine di giustificare e legittimare l'ideologia dominante e renderla forzatamente coerente. Questa fase, che definisco *"ant mill ideologico"* è così permeante, invasiva e diffusa che nessuno al mondo ne è immune. Quasi tutte le verità e i valori morali di cui l'essere umano è stato convinto sostenitore nel corso della propria storia sono stati in un momento successivo soppiantati e derisi, in quanto erano frutto di ideologie secolarizzate e non. Ecco che quindi, non appena il distacco ideologico diventa troppo elevato, la realtà prende violentemente il sopravvento e l'ideologia viene immediatamente rinnegata, passando di solito da prassi obbligatoria a relitto storico messo al bando. È successo così con le grandi ideologie del XIX secolo, comunismo e nazismo in primis.

Il distacco tra ideologia e realtà produce un fenomeno analogo all'**Ant Mill** (la spirale mortale delle formiche). Quando la realtà inizia a divergere dal dogma, l'ideologia non si adatta, ma tenta di alterare o negare i fatti per salvare sé stessa. In questa fase, che potremmo definire "ant mill ideologico", la società investe enormi energie per mantenere una coerenza forzata, ignorando il feedback ambientale. Il risultato è una trappola sociale dove, pur di non ammettere l'errore delle premesse, il sistema accelera verso il proprio collasso strutturale.

Ecco perché interpretare la realtà mediante filtri ideologici, oltre ad esporre al ridicolo e rendere il fautore oggetto di pubblico ludibrio, non apporta nessuna miglioria al dibattito né fornisce una visione utile e analitica dei fatti.
È pertanto da evitare per quanto possibile.

Queste tre regole di base sono necessarie per potersi cimentare nella lettura analitica della fenomenologia conflittuale di cui il mondo è teatro e noi gli attori.

Consiglio metodologico:

Sia il lettore quanto, specialmente, l'analista dovrebbero tenere in mente un iter metodologico chiaro: essendo, noi analisti, posti davanti a problemi di cui l'immediata conoscenza è impossibile nella stragrande maggioranza dei casi dobbiamo operare una ricostruzione. Nessuno dei qui presenti era vivo ai tempi della presa di Costantinopoli eppure abbiamo gli strumenti cognitivi per poter ricostruire con coerenza quell'evento.

L'analista si trova davanti ad una scena scomposta fatta di elementi assenti e contrastanti, elementi la cui rilevanza è ignota fin quando non la si rapporta ad altri elementi. Il primo passo è obbligatoriamente il **metodo abduttivo**: questa sarà la prima pietra miliare e molto spesso resta l'unica. Il metodo abduttivo ci permette di asserire cosa un fenomeno non sia. Non sappiamo con esattezza cos'è ma possiamo dire con certezza come minimo cosa non è. Il secondo step è l'adozione del **metodo induttivo o deduttivo** a seconda dell'oggetto di studio. Nel metodo induttivo l'analista incamera informazioni e da queste trarne schemi **comparativi** coerenti, mettendo a rapporto casistiche analoghe per trovare le differenze ed isolarle oppure casistiche dissimili per trovare un minimo comune multiplo. In alternativa, se si ha già una buona conoscenza delle teorie di base, sia spaziali quanto sequenziali, si può operare col metodo deduttivo, ovvero spiegare un caso specifico partendo dalle regole e dagli assiomi generali astratti per poi scendere sempre più nello specifico empirico. Come ultimo step al fine di corroborare la nostra ipotesi bisogna cercare di renderla falsificabile. Una ipotesi autoreferenziale e tautologica è pseudoscientifica e il suo valore è pari a zero. Una buona analisi deve esporsi agli attacchi e resistere ad essi. È quindi buona abitudine interrogare noi stessi e la nostra analisi al fine di vedere se e dove vacilla. Ma al fine di poter operare in tal senso, si rende necessario, specialmente nell'analisi di guerra, uscire dalla morsa emotiva della logica tragica: l'analista deve schermarsi mentalmente prima di mettere la penna sul foglio.

Riflessioni conclusive:

La comprensione della politica deve passare per una **Scienza dei Difetti**: non dobbiamo analizzare le società per i loro successi dichiarati, ma per i loro **punti di rottura**. La storia degli sbagli politici non è una curiosità, ma la mappa dei limiti della nostra specie. A parer di chi scrive la vera "scienza di frontiera" studia ciò che non sappiamo e la nostra capacità di adattamento all'imprevedibile.

Il fondamento di un'analisi scientifica deve poggiare sulla distinzione tra ciò che è strutturale e ciò che è un output accidentale della storia. In quest'ottica, dobbiamo riconoscere che la cultura occidentale non coincide con la natura umana. Una piaga dello studio delle scienze umane risiede proprio in Occidente: spesso si commette infatti l'errore sistemico di proiettare i propri valori (democrazia, individualismo, mercato) come se fossero 'leggi naturali' dell'uomo. In realtà, la cultura occidentale è solo uno dei tanti adattamenti possibili che la storia umana ha creato. Riconoscere questa non-coincidenza è il primo passo per la de-umanizzazione delle scienze umanistiche: cioè studiare l'uomo come un fenomeno naturale senza il filtro ideologico delle proprie preferenze culturali e trattando ogni civiltà come una variabile soggetta ai medesimi processi di esclusione.

5. Su definizioni e terminologia.

Come anticipato nell'introduzione, ad una parola deve corrispondere
un concetto o referente empirico. Una definizione deve essere precisa
ed accurata; un termine ben posto deve avere una estensione quanto

<table>
<tr><td>PROPRIETA'
- - - - - - - - - - - - - - - - - -
CONNOTAZIONE O
INTENSIONE
- - - - - - - - - - - - - - - - - -</td><td>REFERENTE
- - - - - - - - - - - - - - - - - -
DENOTAZIONE O
ESTENSIONE
- - - - - - - - - - - - - - - - - -</td></tr>
</table>

*Una definizione precisa si ha quando a un determinato
set di proprietà si dà un terminologia univoca.*

$$XXX = Y$$

*Quando ad un uguale set di proprietà sono vi sono due
terminologie differenti si è o davanti ad un caso di
sinonimia oppure davanti ad un caso di manipolazione
linguistica, cioè chiamare due cose identiche con nomi
volutamente differenti per far presumere una
distinzione.*

$$XXX = \frac{Y}{Z}$$

*Quando a due proprietà differenti si attribuisce una
unica terminologia siamo davanti a un caso di
confusione - due cose distinte si fondono in una.
Ciò può avvenire strumentalmente a scopi semplificativi
o può essere dovuto ad una povertà lessicale della lingua
stessa.*

$$\frac{XXX}{AAA} = Q$$

minore possibile così da essere specifica. Ogni definizione ha due elementi, ovvero l'intensione (cioè un set di proprietà) e l'estensione (ciò a cui fa riferimento, cioè il referente empirico.

Come dallo schema riassuntivo, la regola generale è:

"ad uguali proprietà dovrebbe corrispondere uguale terminologia"

Una parola rappresenta un concetto, cioè un insieme di proprietà essenziali.   Vi sono casi invece in cui uno stesso insieme di proprietà viene munito di due termini diversi. Questi termini possono essere sinonimi oppure possono celare una manipolazione strumentale ai fini politico-narrativi. Ad esempio, due persone il cui set genetico è essenzialmente sovrapponibile possono essere distinte sotto due termini: ariani da un lato ed ebrei dall'altro. Si tratta infatti di un distinguo dalla pretesa genetica quando in realtà i tratti genetici essenziali sono i medesimi: se medesime sono le caratteristiche essenziali medesimo dovrebbe essere il nome. Questo genere di macchinazioni è tipico dei totalitarismi e bisogna stare molto attenti poiché alludono a differenze valoriali fittizie.

Altro caso è l'inverso, quando si hanno due composizioni di proprietà essenziali differenti accomunate da un unico termine. Questa confusione nello stesso termine genera una confusione interpretativa. Generalmente avviene per povertà lessicale dell'individuo, della lingua stessa o, anche qui, per macchinazione strumentale ai fini politici per alludere ad una equivalenza valoriale fra cose distinte.

Classico esempio sta confondere volutamente "migrazioni" ed "esodi" fondendo entrambi sotto il termine "migrazioni" (tema caro alla sinistra) oppure confondere volutamente "islam" e "terrorismo" fondendo entrambi sotto il termine "terrorismo".

Questo genere di macchinazioni linguistiche per fini politici ai fini di rendere nobile l'ignobile o colpevole l'incolpevole, sia che siano estensive come le prime o intensive come le seconde, sono macchinazioni proprie di tutte le collettività a prescindere dal colore partitico o dal momento storico.

Le parole muovono il pensiero, il pensiero le azioni.

Un uso analitico e critico della terminologia, entro limiti linguisticamente fattibili, è esercizio di primaria importanza per ogni analista quanto per ogni cittadino.

Commenti finali

L'obiettivo di questo breviario è di creare curiosità nella materia per chi mai si è approcciato alle discipline sociali e fornire un metodo discorsivo originale, capovolto, per chi già l'umanistica la conosce oppure ci lavora. Nella speranza di aver fornito una solida base di esercizi mentali al fine di poter esperire in prima persona i ragionamenti, i concetti e le logiche retrostanti le discipline sociali - come avrete già potuto notare - l'approccio non è prettamente empirico o particolaristico, bensì tendente al ragionamento astratto, logico e deduttivo. Si è quindi cercato di fornire degli schemi e dei modelli interpretativi di pensiero piuttosto che una semplice sfilza di nozionismi, motivo per cui, le note non sono state inserite, in quanto per lo più irrilevanti, ai fini del testo.

Sono personalmente convinto che l'incidenza delle nozioni cambi nel tempo, le logiche e le meccaniche che invece governano le nozioni siano valide su un arco temporale più lungo, quindi più adatta ad una modalità analitica astratta, generale e di lungo termine.

Tuttavia, nel nostro excursus, nella formulazione dei modelli e dei concetti ci si è avvalsi di nozioni, dati di fatto ed affermazioni a cui è giusto dare seguito, specialmente al fine di poter permettere a tutti i lettori di verificare quanto detto e poter falsificare quanto sostenuto, nonché poter approfondire la materia in maniera dimostrabile, scettica e ripetibile. In altre parole, in maniera scientifica.

Alessandro Verdoliva – Roma

Fonti utili all'approfondimento relative ai vari capitoli con aree disciplinari:

La necessaria premessa alla bibliografia consiste nell'illustrare la permeante presenza retrostante di un triangolo metodologico e epistemologico, costituito da:

1. **approccio logico-deduttivo**

(*microeconomia & teoria dei giochi*), che fornisce la struttura del ragionamento;

2. **approccio concettuale-filosofico**

(*filosofia, dottrine politiche, econometria*), che fornisce le definizioni e il metodo;

3. **approccio empirico-storico**

(*storia e geografia*), che fornisce le nozioni e i dati di fatto.

Nonostante questo sfondo procedurale, ogni capitolo vede una prevalenza di determinate discipline, elencate capitolo per capitolo.

Capitolo 1: *(studi militari, storia militare, strategia, geopolitica, relazioni internazionali, microeconomia, teoria dei giochi)*

Vom Kriege – *Carl von Clausewitz 1832 - ISBN-10. 8804670924*

Security studies – third edition – *Paul D Williams; Matt McDonalds – Routledge ISBN 978-0-415-78490-0*

Strategia -*Edward N. Luttwak. BUR 2013. ISBN 9788817064774*

Sicurezza, Stato e Mercato – *Filippo Pizzolato; Paolo Costa. 2015 Giuffrè Editore – Bicocca. ISBN 978-88-14-204114-2*

Manuale di studi strategici. Da Sun Tzu alle 'guerre ibride' - *Giampiero Giacomello e Gianmarco Badialetti – Alta scuola di economia e relazioni internazionali ASERI. ISBN 9788834331903*

Studi di strategia. Guerra, politica, economia, semiotica, psicoanalisi, matematica – *Luciano Bozz. Egea – 2012 ISBN 10: 8823821657*

Un mondo in conflitto. Teoria dei giochi applicata – II edizione. – *Bruno Chiarini. Mondadori. ISBN 978-88-6184-570-1*

Geopolitica umana - *Dario Fabbri. Gribaudo. ISBN 978-88-580-4305-9*

Scelte, consumatori e mercati: un'introduzione alla Microeconomia. – *Marco Musella; Marina Albanese. Giappichelli Editore Torino. ISBN: 978-88-348-5505-8*

Storia della politica internazionale nell'età contemporanea – *Guido Formigoni – Il Mulino. ISBN:978-88-15-27862-9*

Capitolo 2: (<u>*storia delle dottrine politiche, scienza politica, storia moderna,*</u>
<u>*geografia politica*</u>)

La democrazia in America – *Alexis de Tocqueville – a cura di Giorgio Candeloro-*
BUR. ISBN-10 8817118575

The Principles Of Sociology - *Herbert Spencer - University Press Of The Pacific.*
ISBN 13 978-1410211842

The wealth of nations - *Adam Smith – 1776*

La politica e gli Stati. Problemi e figure del pensiero occidentale. *Raffaella*
Gherardi -Carocci editore. ISBN 978-88-430-5992-8

The Origins of Political Order: From Prehuman Times to the French
Revolution - *Francis Fukuyama - Profile Books Ltd. ISBN 13 978-1846682575*

Geografia politica. *Joe Painter; Alex Jeffrey. UTET.*
ISBN: 978-88-6008-346-3

Le democrazie contemporanee. *– Arend Lijphart. Il Mulino.*
ISBN: 978-88-15-25057-5

Sublime madre nostra. La nazione italiana dal risorgimento al fascismo.
Alberto Mario Banti. Editori Laterza.
ISBN: 978-88-420-9534-7

La società a costo marginale zero. - *Jeremy Rifkin. Mondadori.*
ISBN: 978-88-04-67214-2

Parlamenti e costituzionalismo contemporaneo. Percorsi e sfide
della funzione di controllo *–* Paola Piciacchia. Jovene Editore. ISBN:
978-8824324823

Capitolo 3: (_sociologia, sociologia delle organizzazioni, scienza politica, biologia evoluzionistica, biologia comportamentale_)

Élites - _Gaetano Mosca; Vilfredo Paret; Robert Michels._
GOG. ISBN: 8885788017

La democrazia e la legge ferrea dell'oligarchia. Saggi sulla classe politica. – _Roberto Michels – Pieffe Edizioni. ISBN 10 1659502020_

https://www.sciencedirect.com/science/article/pii/S0304380015003907

https://www.sciencenorway.no/childbirth-evolution-evolutionary-biology/this-is-why-humans-are-born-completely-helpless/2162382

https://news.harvard.edu/gazette/story/2008/04/eating-meat-led-to-smaller-stomachs-bigger-brains/

The Origins of Political Order: From Prehuman Times to the French Revolution - _Francis Fukuyama - Profile Books Ltd. ISBN 13 978-1846682575_

Da te solo a tutto il mondo - _Jared Diamond. Super et opera viva._
ISBN 978-88-06-22462-2

L'evoluzione dell'animale umano – _Jared Diamond. Bollati Boringhieri. ISBN. 978-88-339-2878-4_

Sapiens. Da animali a dèi. - _Yuval Noah Harari – Bompiani._
ISBN: 10 8830104493

Capitolo 4: (geopolitica classica, geopolitica umana, studi militari, strategia, geoeconomia, geografia, relazioni internazionali)

Una trama del mondo. Le relazioni internazionali. – Michele Chiaruzzi. Mondadori. ISBN: 978-88-6184-515-2

Guida alla politica estera italiana. Sergio Romano. BUR Saggi. ISBN: 978-88-17-00069-7

Geografia politica. Joe Painter; Alex Jeffrey. UTET. ISBN: 978-88-6008-346-3

Studi di strategia. Guerra, politica, economia, semiotica, psicoanalisi, matematica – Luciano Bozzo. Egea – 2012 ISBN 10: 8823821657

Un mondo in conflitto. Teoria dei giochi applicata – II edizione. – Bruno Chiarini. Mondadori. ISBN 978-88-6184-570-1

Geopolitica metodi e concetti. Barbara Loyer. UTET. ISBN 978-88-6008-612-9

Spazi e poteri. Geografia politica, geografia economica, geopolitica. Claudio Cerreti; Matteo Marconi; Paolo Sellari. Editori Laterza. ISBN 978-88-593-0051-9

Geopolitica metodi e concetti. Barbara Loyer. UTET. ISBN 978-88-6008-612-9

Capitolo 5: (geopolitica umana, storia moderna, storia africana, storia coloniale antica, storia coloniale moderna, storia degli imperialismi, dottrine politiche, scienza politica)

L'Africa contemporanea. *– Anna Maria Medici; Arrigo Pallotti; Mario Zamponi. Le Monnier Università. ISBN: 978-88-00-74387-7*

Geopolitica umana *- Dario Fabbri. Gribaudo. ISBN 978-88-580-4305-9*

Sapiens. Da animali a dèi. *- Yuval Noah Harari – Bompiani. ISBN: 10 8830104493*

The Origins of Political Order: From Prehuman Times to the French Revolution *- Francis Fukuyama - Profile Books Ltd. ISBN 13 978-1846682575*

La politica e gli Stati. Problemi e figure del pensiero occidentale. *Raffaella Gherardi -Carocci editore. ISBN 978-88-430-5992-8*

Breve storia del Sudafrica. *– Mario Zamponi. Carrocci Editore. ISBN: 978-88-430-4836-6*

Sublime madre nostra. La nazione italiana dal risorgimento al fascismo. *Alberto Mario Banti. Editori Laterza. ISBN: 978-88-420-9534-7*

Capitolo 6: (filosofia classica, filosofia moderna, storia delle dottrine politiche, sociologia, psicologia)

Sistema della natura - *Paul Henri Thiry d'Holbach. 1770*

Teoria e struttura sociale. Teoria sociologica. – *Robert King Merton. Il Mulino. ISBN: 978-8815076540*

Manuale di storia del pensiero politico, III edizione - *Carlo Galli. Il Mulino. ISBN 978-88-15-23233-5*

Capitolo 7: (filosofia moderna e contemporanea, dottrine politiche, elementi di microeconomia, scienza politica, psicologia)

Die protestantische Ethik und der Geist des Kapitalismus. Max Weber. Hofenberg. 978-3843029315

Psicologia delle folle. – Gustav Le Bon. TEA. ISBN: 978-8850206247

Psicologia delle masse e analisi dell'Io. – Sigmund Freud. 1978, Bollati Boringhieri. ISBN: 978-8833902098

Sistema della natura - *Paul Henri Thiry d'Holbach. 1770*

La politica e gli Stati. Problemi e figure del pensiero occidentale. *Raffaella Gherardi -Carocci editore. ISBN 978-88-430-5992-8*

Teoria e struttura sociale. Teoria sociologica. – *Robert King Merton. Il Mulino. ISBN: 978-8815076540*

Manuale di storia del pensiero politico, III edizione - *Carlo Galli. Il Mulino. ISBN 978-88-15-23233-5*

Sull'autore

Alessandro Verdoliva è analista di relazioni internazionali, ricercatore indipendente e consulente strategico. Si occupa di geopolitica, diritto internazionale, studi strategici e foresight di scenari complessi, integrando analisi predittiva, teoria politica e strumenti di intelligence open source (OSINT).

È fondatore e presidente del **Delphi Institute**, centro di ricerca dedicato allo studio delle dinamiche strutturali del potere, dei sistemi geopolitici e dei modelli di previsione strategica. In precedenza è stato cofondatore e presidente del centro studi europeo **Civitas Europa**.

Nel corso della sua attività ha operato come consulente politico-strategico, analista e formatore universitario, collaborando con realtà istituzionali, accademiche e di advocacy internazionale. Le sue ricerche si concentrano sull'analisi dei fattori causali profondi dei fenomeni politici e sulla modellizzazione dei processi strategici, con particolare attenzione ai teatri geopolitici contemporanei e alle dinamiche di conflitto.

È autore del podcast **Contropotere** e di numerosi articoli, interventi televisivi e radiofonici dedicati all'analisi geopolitica e alla teoria del potere.